米英のアジア・太平洋侵略史年表 1521-1939

柴田賢一

国書刊行会

はじめに

本書は、昭和十七年（一九四二年）刊『米英の東亜侵略年譜』（柴田賢一著）を現代表記・仮名づかいに直し、補筆訂正を行い、表題を『米英のアジア太平洋侵略史年表』と改め、新組版とした。旧版は終戦直後ＧＨＱによって没収図書となり、図書館や古書界から姿を消して久しい。

故柴田賢一氏は、明治三十五年、福岡県芥屋に生まれ、昭和四年に東京帝国大学文学部美学科を卒業。在学中から新聞に小説を寄稿したほか、鈴木三重吉の『赤い鳥』に童話を発表するなど執筆活動を幅広く積極的に行った。

卒業後、誠文堂新光社に入社すると『世界地理風俗大系』の編集を担当し、『世界知識』の発刊に伴い編集長となる。昭和十一年、日本外事協会の依頼により、佐々木茂索、大宅壮一とともにフィリピンのダバオを訪問、当時のケサン大統領とも会見した。また当時の人気雑誌『新青年』に世界各地の情勢や欧米の海洋戦略についての論文、ミステリーの翻訳を発表するなど若くして世間の高い評価を受けた。

戦中の昭和十七年、海軍報道班員としてシンガポール、ビルマ、仏領インドシナと、アジア各国の前線をめぐり、海外諸国の政策についての論文を多数翻訳し紹介した。ＧＨＱによって没収図書となった著作点数が最も多い作者の一人でもある。

戦後、郷里に戻った柴田は、畑仕事の傍ら執筆するという晴耕雨読の日々をおくった。この頃の柴田は宮崎安貞を研究し、伝記を雑誌に連載している。安貞は三十歳で福岡藩を辞し、農作業の合間をみては近隣の調査に出向き、農閑期には諸国を巡り聞き書きを行い『農業全書』を発表した江戸時代の農学者である。柴田は、宮崎を自分自身に重ねていたのかも知れない。またこの時期には、地元志摩中学校の校歌などの詩作もおこなった。当時作詞した『芥屋音頭』は、いまも地元で歌い継がれているという。

昭和二十五年、意を決して再び上京し、「志摩達夫」のペンネームで時代小説などを執筆した。生活のめどが立つようになった柴田は、家族を福岡から東京へ呼び寄せる。仕事は順調にいくかと思われたが、翌年に発病し、半年の入院生活をおくることとなった。以後は半身不随の身となりながら、「海上の友」に『海の日本史』を連載、同時に少年少女向けに『キャプテン・クックの探検』などを執筆して生活を支えた。

本書が出版された昭和十七年は、言うまでもなく太平洋戦争が始まって間もなくのことである。インターネット上で内外の様々な情報の閲覧が可能であり、多様な歴史関連書が容易に手に入る現在と状況は全く異なる。その中で、かき集められた海外の情報を急いで翻訳し纏めたものである。

年表とは言うものの、本書は出来事を無機質に並べた履歴書ではない。著者が伝えようとしたのは、何年に何があったというようなことではなく、本書の目的は「わが日本は世界の中でどのような状況に置かれているのか」ということを、急いで伝えることにあったのである。米英の政治的な動きのひとつひとつに呼応する日本の焦りや不満、間近に迫った緊張など、時代背景を伴った感情が現れ、現代の感覚でみれば一方的な表現も見られる。それらも含め、戦時下という異常な時代の貴重な記録である。

編集子

凡例

本書は一九四二年に刊行された柴田賢一著、『米英の東亜侵略年譜』を底本として改題し、現代的表記に改めたものである。

本文の内容は、底本のままを原則とし、次の諸点に手を加えた。

・底本は、アメリカ、イギリス、オランダの各編に別れていたが、本書ではひとつにまとめた。
・国内の出来事などを欄外に補足した。
・底本の年号表記である皇紀を西暦に改め、欄外に和暦をつけた。
・漢字は拡張新字体とし、仮名使いは新仮名使いに改めた。また仮名の字体は現行のひらがな・カタカナに統一した。
・句読点ならびに改行は読みやすくするため一部手を加えた。
・明らかな誤字・脱字は、それぞれ訂正・補足・削除した。
・国名や地名など、当時と現在で異なる場合は現行の表記を使用した。人名についても明らかに現行と異なるものは現代的な表記に改めた。
・年代の間違いや事実誤認などが明らかな場合はできるだけ改めた。誤りと思われる記述であっても確認が困難なものはそのままとした。

米英の太平洋《アジア》侵略史年表

目次

概観

アメリカ合衆国のアジア・太平洋侵略

アメリカ合衆国はその建国の歴史が浅いために、アジアに侵略の手をのばそうとしたときには、すでにその大部分は列国の勢力下に置かれていた。この中にどのようにして割り込むか、ここにアメリカのアジア政策の基調がある。中国にたいする伝統的政策としてかかげた「門戸開放と商業上の機会均等」も、要するにその豊富な資本と物質によって、列国がすでに有している権益を駆逐し、資本主義的支配を行おうとしたものにほかならない。

周知のごとく、わが国と最初の修好条約を結んだ国はアメリカ合衆国である。わが国にはしばしば、ペリーを目して「開国の恩人」とするものがあるが、これはかなり浅はかな見方と言わなければならない。ペリー日本来航の前年である一八五二年、当時の米国務長官ウィリアム・スワードは「私は今いっそう崇高なる舞台、すなわち富の拡張と迅速なる領土大拡張の道程に上がろうとしている。眼を太平洋方面に転ずるならば、ハワイ諸島および中国沿岸地方は、すでにアメリカの革新的大勢力を認めている。そしてわれわれの勢力を感じるところには、われわれの下にその保護を受けようとする希望がある。通商はわれわれをアジア大陸に接近させる。こうして生まれる新事態は、われわれの地位に大きな変化を及ぼし、われわれアジア大陸との連絡点、すなわち植民地のようなものを必要とする時勢に遭遇している」と述べ、さらに「太平洋、その沿岸および島々は今後、世界史の一大舞台となるだろう」と喝破している。これによると、ペリーにわが国を「アジア大陸との連絡点、すなわち植民地のようなもの」とする意思がなかったとは断言できない。事実、ペリーは小笠原諸島および琉球列島を領有しようという野望を有していたのである。

ここで言及しなければならないのはモンロー主義と積極的なそのアジア政策との相関関係である。一八二三年、第五代大統領モンローは、「南北アメリカは将来ヨーロッパ諸国に植民地化されず、主権国家の国内事情はヨーロッパ諸国から干渉されない、また、アメリカ合衆国はヨーロッパでの戦争およびヨーロッパ列強と植民地間の戦争について中立を保つ意思があるが、新しく植民地を作ること、アメリカ大陸の独立国家に干渉することはアメリカ合衆国の国策に合致するものではない」とのモンロー主義を宣言した。この主義は、要するにヨーロッパとの相互不干渉主義によって、大西洋方面を安泰にし、西方を侵略しようとしたものである。アメリカはモンロー主義宣言の後、西方に向かって広大な領土の拡張を行っている。つまり、一八四五年にテキサス（メキシコより合併）、一八四六年にオレゴン（イギリスより合併）、一八四九年にニューメキシコ、アリゾナ、カリフォルニア、ネヴァダ、ユタ（メキシコより合併）、一八六八年フィリピン、グアム（スペインより合併）、一八六八年アラスカおよびアリューシャン（ロシアより購入）、一八九八年ハワイ（征服）、一八九九年サモア（征服）、一九〇四年パナマ運河地帯（パナマより租借）、海岸諸島（パナマより購入）などのように、西方に向かって着々と侵略の巨歩をのばしているのである。しかも、アメリカが二言目には必ず口にするのが正義であり、人道であり、国際親善であるから、いかに独善的にして不遜な国柄であるかに驚かざるを得ない。

「太平洋を支配する者が世界を支配する」これは五十余年前、当時のアメリカ合衆国大統領セオドア・ルーズベルトがサンフランシスコ港外の金門湾頭に立って発言した。太平洋の全面的支配、これこそアメリカの野望であったが、それを断固として拒んだのがわが日本である。

すでに述べたように、ペリーの日本訪問は単に日本を開国させ、わが国と正当な貿易関係を開始しようとしたわけではないのは明らかであるが、その後、アメリカがわが国にたいしてとった政策は、比較的親日的であった。しかし、アメリカが後進国として劣等視していたわが日本は、余りに急速な発展を遂げた。なるほど、わが国は物質文明においてこそ著しく欧米に立ち遅れてはいたが、精神文明においてははるかにこれを凌ぎ、極めて高度の文化を形成していたのであるから、いったん開国した後は、たちまち西欧文明を吸収して、その伝統的文化の中に同化させ、短期間のうちにその国力を充実させた。この驚くべき事実は、甚だしくアメリカに脅威を感じさせるのに十分だった。殊にアメリカがフィリピンを領有してから日本にたいする恐怖は一層高まった。アメリカはアジアにおけるその政治的、経済的、軍事的基地としてフィリピンを理不尽にスペインから奪取したが、これを自由の領土とした瞬間から、アキレスの踵となるべき危険を感じ日本を恐れたのである。「フィリピン諸島はわれわれにとってアキレスの踵である。この諸島こそ現在の日米関係を危険ならしめているのである」とフィリピン領有の張本人であるセオドア・ルーズベルトが告白している。

アメリカの抱くこのような脅威は、日露戦争において、わが日本が大勝を博するに及んで、俄然拍車をかけられた。日露戦争が勃発した当初、アメリカは財界、政界を挙げて日本贔屓であった。アメリカの資本家が比較的容易にわが国債に応じた一例によっても、このことは窺えるだろう。もちろんアメリカはロシアがわが国に勝つことは期待していなかっただろうが、このように無残に惨敗するのも期待していなかった。日露両国の講和を斡旋したセオドア・ルーズベルトは、「私はこれまで日本贔屓だったが、講和会議開催以来、そうではなくなった」と述べている。

アメリカはこの時期、アジア政策において質的な一大転換を行っている。その豊富な物質と富とによってアジアの市場支配を目論み、「中国における門戸開放と機会均等」をふりかざし、この政策を遂行した。正当なるわが大陸政策と衝突せざるを得ず、日本圧迫を続けた国は、実際のところアメリカ合衆国なのである。

セオドア・ルーズベルトの後、大統領に就任したタフトは、いわゆるドル外交と呼ばれる政策をもって日本に対した。辣腕なるストレイトを北京に派遣し、満州鉄道の中立化をはかって満鉄を国際管理下に置こうと策略し、錦州より愛琿に至る満鉄の並行線を建設して満鉄の死命を制するよう計画し、四国借款団を組織して中国の貨幣改革を画策するなど、ドルの大攻勢によってアジアに経済的、政治的優位を確立しようとしたのである。

タフトの次が大統領ウッドロー・ウィルソンである。折から第一次世界大戦が勃発し、イギリス、ドイツ、ロシアなどの勢力がアジア一帯から撤退すると、この機会に乗じて当然日本の大陸政策が強化されるのを恐れて、自ら日本監視の役を買って出て、わが二十一か条の要求に対して、傲岸不遜ともいえる対日覚書を提出したのである。しかも、いったん休戦条約が締結されると、ウィルソンは全精力を傾けて対日攻勢に転じた。その攻勢は、「(一) 新四国借款団を組織し、日本の単独対中国投資を拘束する。(二) 連合国をシベリアに共同出兵させ、日本の対ロシア政策を妨害する。(三) 山東省の中国への還付を主張する。(四) アメリカによるアジア政策の諸原則に集団保障のウィルソン原則を結びつけた条約を締結し、太平洋およびアジア地帯に適用する」の四原則からなっていた。ウィルソンの日本に対する挑戦はヴェルサイユ会議において、最も露骨に示され、中国代表をけしかけて日本に吠えかからせた。しかし、彼は予期した成果をあげられないまま退場した。

ウィルソンの後を受けて大統領となったハーディングは、ウィルソンが実現しようとしてできなかった対日圧迫を、イギリスとの合作によって成し遂げたのである。つまり、一九二一年から一九二二年にかけて行われたワシントン会議がそれである。実にこの会議は、集団保障の美名にかくれてわが国を被告扱いにし、主力艦隊米英六割という劣勢な比率を押しつけたほか、九か国条約によって、アメリカがアジア政策の金科玉条とした「中国の門戸解放と商業上の機会均等」を国際法化することに成功したのである。アメリカのアジア政策は、この会議によって凱歌をあげ、長年到達しようとして果たせなかった野望を達することができたのである。なおこの会議において、日英同盟を廃棄して、日本、イギリス、アメリカ、フランスの四か国条約に置き換えたことも銘記しておくべきである。この時機まで、アジアにおける米英の利害は必ずしも一致しなかったが、この会議を一転機としてイギリスはアメリカの風下に立ち、相携えて対日圧迫を加えるに至った。

その後のフーヴァー政権、フランクリン・ルーズベルト政権は、ワシントン会議の成果である「アメリカ的」諸条約、とくに九か国条約およびケロッグ・ブリアン条約を楯にとって、ことごとにわが国の正当な政策に反対し、日中戦争を利用して世界に号令をかけようとする野望を露骨に表し、耐え難い条件をわが国につきつけてこれに屈服させようとし、わが国を見下し、属国視するという態度を示すに至ったのである。その結果は、周知のごとく太平洋戦争を誘発し、もってわが一億の同胞をして戦火の決意を固めさせたのである。

イギリスのアジア・太平洋侵略

イギリスがアジア侵略の魔手をのばしはじめたのは、コロンブスのアメリカ発見以来、広大なる新植民地を経営して富強を誇ったスペインに挑戦し、これを屈服させてからである。当時、イギリスと並んでアジア・太平洋に侵入してきたのはオランダだった。イギリスが東インド会社を組織したのは一五九九年であり、オランダが東インド会社を組織したのは一六〇二年である。

これにより両国は南洋において猛烈な闘争を展開したが、結局その争奪戦においてオランダが勝ちを占め、イギリスはいったん、アジア・太平洋から手を引いたのである。当時、ヨーロッパ諸国がアジアにおいて獲得しようとしていた物資は、中国の絹、東南アジアの香料などで、これらの物資はインドになかったので、やむを得ずイギリスはインド経営に従事したのだったが、このインドこそ世界最大の宝庫だったのである。

このようにイギリスは一時オランダとの東南アジア争奪において敗れたが、ヨーロッパにおいては、オランダに挑戦してこれを屈服させ、続いてフランスと戦ってこれを破り、無人の野を行くような勢いをもってアジア・太平洋に再進出し、一七七〇年にオーストラリア、ニュージーランドを手中に収めたのを手始めとして、一八一九年にシンガポールを奪取し、香港を奪い、マレー、北ボルネオ、太平洋に広大なる植民地を獲得したのである。さらに、中国にはアヘン戦争以来、アロー号事件、太平天国の乱などによって列国の追随を許さない利権を手に入れた。

しかしその後、イギリスの中国における利権をおびやかす国が次第に多くなってきた。フランス、ロシア、アメリカ、ドイツなどである。さらにロシアとはチベット、新疆方面において、中国北部において相対立した。すでに獲得するものを十分に獲得しているイギリスは、ロシアの南下によってそれらを失うことのないようにつとめ、折からロシアの南下によって大きな脅威を感じている日本と結び、日本を利用して自国の利益を擁護する番犬とするために日英同盟（一九〇二年）を締結したのである。

以来、日本はイギリスの同盟国として忠実にその任務を遂行してきたのであるが、第一次世界大戦後、アジアにおけるイギリスの競争国として最もおそれるドイツとロシアはともに崩壊して、イギリスに脅威を加えることがなくなった。

しかし、アメリカ合衆国はこの戦争によって著しく国力を増強し、かつ多額の戦費をイギリスに提供していた関係もあり、なお日本貿易の躍進はイギリス商品を駆逐する形勢にあって、日英の利害は必ずしも一致せず、ここにイギリスは日英同盟を廃棄してアメリカと手を握り、相携えて反日政策を遂行するにいたったのである。要するにイギリスは、ヨーロッパ方面における競争国を打倒して、今よりおよそ百五、六十年前より帝国主義的進出をアジアに試み、無人の野を行くがごとく領土を拡張し、五、六十年前より守勢に転じ、アジアにおける利権を防御するため日英同盟を結び、日本よりアメリカを強力な味方と信じて日本を離れ、アメリカと結び、むしろその風下に立ち、アメリカのアジア政策に歩調を合わせて今日に及んだために、ついにその得たものの総てを失う結果となったのである。

オランダのアジア・太平洋侵略

オランダが国力を傾けてアジアへ侵入してきたのは、独立後十年と経っていなかった。もともとオランダは、ネザーランドとしてスペインの領土だったが、一五七九年スペインに反抗して独立運動を起こし、ついに一五八一年には独立を宣言した。当時オランダ人はポルトガルのリスボンに出入りしポルトガル人からアジアの貨物を買い受けてこれを中欧諸国に販売するのを業としていた。しかし、オランダ独立宣言の一年前、スペインはポルトガルをも併合したのでオランダ人のリスボンへの出入りを厳禁し、もしスペイン領に近づけば船舶は拿捕され、乗組員や商人などは投獄された。オランダは大いに困惑し、自らアジアに入って直接自己の手によってアジアと取引することを計画し、一五九五年第一回のアジア探検貿易隊を派遣し、二回、三回と探検の数を重ね、太平洋一帯に根を張っていたポルトガル、スペインの勢力と戦い、またイギリスとの競争にも勝って、太平洋に覇を唱え、徐々に矛先を北方に転じ、一六二二年台湾を占領して安平に城を築き、一六六一年鄭成功がこれを追うまで台湾を支配した。

オランダの中国における貿易こそ十分な発展を見なかったが、わが国には一六〇〇年、ウィリアム・アダムスや、ヤン・ヨーステンなどが乗り組んだリーフデ号が豊後に漂着したのを手始めに、一六〇九年以来通商を公許され、鎖国後もオランダだけは貿易の継続を許されたのである。

ジャワ、スマトラ、モルッカ諸島など「世界の宝庫」を入手したオランダが今日までこれを保持し得たのはその巧妙な統治策にある。現地の人々は、オランダの植民地的搾取と華僑の商業的搾取に喘ぎながらも結局オランダの支配を脱することなく太平洋戦争を迎えたのである。オランダのインドネシア統治の特徴は、土侯部族長などに代政権を与え、自らは直接政治の衝にあたらず、彼ら自身に統治させることにある。こうして現地の人々はオランダの統治下にあることをそれほど強く意識せず、その搾取に甘んじてきたのである。

この巧妙な統治策を外交方針とした場合、自由貿易主義となる。オランダはこの自由貿易主義を伝統的政策としてきたのであるが、一九二九年末のイギリスに端を発した世界経済恐慌は、オランダ領インドにも大きな影響を及ぼし、二九年、三〇年、三一年、三二年と急角度に貿易額を減少した。この時代より日本からオランダ領インドへの輸出は年々減少するばかりとなった。こうしてオランダは自国製造工業保護を名目として、本国と植民地との特恵関税の設定を目的とする保護関税主義へ転向した。しかし、これは由々しい問題であった。ただ、自国産業の利益のために、安価で現地の住民が必要とする日本製品の輸入を阻止するかのような政策は、現地の住民の生活に大きな影響を及ぼし、その利益を犠牲にし、さらに植民地統治の上にも重大な禍根を残すものであり、人道上の大問題でもある。にもかかわらず、彼らは自国民のために、植民地住民の生活などまったく考えようとしなかったのである。とくに、太平洋戦争勃発の直前にあっては、アメリカ、イギリスの勢力を過信し、これと呼応し、いわゆるＡＢＣＤ対日包囲陣の一環として重要なる役割を果たし、戦備を整えてわが国に敵対し、自ら求めて墓穴を掘ったのである。

米英のアジア・太平洋侵略史年表

一五二一

大永元年

琉球王尚真、種子島忠時の交易願を許可。

スペイン人マゼラン、フィリピンに漂着

初めてフィリピンに足跡を記したのはマゼランだが、彼が到着する以前から日本・中国両国間にはフィリピンの存在は知られており、それぞれの間の交渉もあった。中国人などは十三世紀から盛んに往来していたのである。もちろん当時のフィリピンは一国として統一されていたわけではなく、先住の民族やあとからやって来た移住民族が諸島の各地に分散し、血なまぐさい人種的闘争を繰り返していた。各地にはそれぞれの部族長がおり、地域の実権を握り、さらにその上の長もいて一王国を形成し、絶大な勢力を振るい、専制政治を行う者もいた。たとえばモロ族は後期移住民族であり、ボルネオ方面から渡来したと言われ、人口も多く、団結力も固く、往時のフィリピン民族の中では最大の勢力を振るっていた。こうした情勢の中へ、マゼランは乗り込んできたのである。彼は一五二一年に太平洋を西に進み、まずミンダナオ島の東岸に到着した。その後、この島に沿って北上し、スリガオ海峡に停泊し、一同が上陸して小高い丘に祭壇を設けて十字架を立て、スペイン領であることを宣言した。

マゼランがフィリピンに漂着した頃、セブ島にはフマボンという大部族長がおり、数千の部下を擁し、武力では近隣の島々を圧倒していた。セブ島は中国、モルッカ、ボルネオ方面との貿易の中心地でもあり、人口はすでに五千を超え、フィリピン諸島の中で最も開けた都市だった。フマボンはマゼランの来着を知り、ただちに貢物を贈るように

天文十八年、宣教師フランシスコ＝ザビエル来日。

命じたが、マゼランはスペインが世界一の勢力を持つ強国であることを説き、スペインの配下に属すべきことを勧めた。フマボンは彼の言葉を信じ、スペインに忠誠を尽くすことを誓ったので、マゼランはセブを本拠として植民地樹立を計画した。しかし、セブ対岸にあるマクタン島の部族長ラプラプは降伏を拒んでマゼランの言葉には従わなかった。そこでマゼランはセブのフマボンと計ってマクタン討伐を思い立ち、一五二一年四月二十六日、三隻の船に数十名のスペイン人と先住民を乗せてマクタン島に渡り、戦いを開始したが、そこでマゼランはラプラプの毒矢に倒れたのである。

一五四三　天文十二年

ポルトガル船が種子島に鉄砲を伝える

一五五七　永禄元年

ポルトガルがマカオを略奪

一五六五　永禄八年

スペイン人レガスピがフィリピン・レイテ島に到着

永禄六年、宣教師ルイス＝フロイス来日。

マゼランの死後、スペインはルイ・ロペス・デ・ピラロボスを初めとして多くのフィリピン遠征軍を派遣したが、その領有ははかばかしく進展しなかった。フィリピン征服を行ったのは、ミゲル・ロペス・デ・レガスピである。彼は一五六五年二月十六日レイテ島に到着し、四月二十七日セブに上陸して時のセブ部族長トパスと交わりを結び、付近の住民にスペイン王の権威を認めさせ、近隣の島々に兵を派遣してその勢力を拡大していった。レガスピは数年セブに留まり、住民からルソン島のマニラにモロ族の繁華な町があると聞き、部下のマルチン・デ・ゴイチを隊長としてスペイン人百余名にビサヤ族の兵士五、六百名を加えてマニラ遠征を行わせた。マニラにいるモロの大部族長はラジャ・ソマリンといい、大いに勢力を振るい堅固な城壁を築いて大砲を備え、多数の武装兵を持っていた。ゴイチがソマリンのもとに使者を送ったところ、部族長は友好を誓ったが、近いうちにモロ族が反逆するだろうと思い、彼らが安心しきっている隙に乗じてマニラを急襲し、モロ族の家を四方から焼き払った。この一戦でソマリンは討ち死にし、その部下は四散した。マニラ占領が済むと、レガスピはセブからここに政府を移して首府とし、官邸やカトリック教会を新築して城壁を築き、道路を儲け、一五七一年にはフィリピン征服を完了した。レガスピはフィリピン征服の功績により初代総督に任命されたが、翌年死去した。

一五七一

元亀二年

織田信長、叡山焼討ち。

フロイス、織田信長に謁見。

スペインのフィリピン統治

レガスピの死後、スペインのフィリピン統治は三百二十余年も長く続いたが、植民政策ではどの民族よりも乱暴だったといわれるスペインのことなので、フィリピン人は属国民として手かせ足かせに喘ぎ、多くの住民が無実の罪で命を落とし、家財を奪われて路頭に迷った。スペイン人は武力でフィリピンを統治したことはもちろん、一方では宗教の力を利用することも忘れなかった。したがって僧侶の勢力は民心を得るとともにしだいに強くなり、総督さえ一目置くようになった。

僧侶の勢力が強くなった理由は、スペイン本国におけるカトリック教の勢力が強大だったことも一因だが、総督がわずかな年限で交代するにもかかわらず（三二七年間で総督の更迭はじつに一五〇回に上った）、僧侶の異動は非常に稀であり、したがって土地

元亀三年
楽市楽座令。

の事情に精通し、僧侶の信望は日に日に高まるという様子だった。またフィリピン総督として赴任してくる者の真の目的は善政を敷くことではなく、いかにして短年月で私財を蓄え、老後を裕福な金持ちとして送るかにあった。したがって、在任中に可能な限りの手段で税を厳しく取り立てることに専念したことは言うまでもない。行政の中心人物がこの始末なので、その配下に良い官吏がいなかったことはもちろんで、上下競って私腹を肥やすことに明け暮れた。その間に、僧侶はしだいに勢力を持つようになり、統治は二重化して不合理が各方面で顕著となり、こうして先住民の間ではいつしか燃えるような反抗心が培われ、根強い自覚と反省を促すことになり、各地に小規模ながら反乱が絶えず繰り返された。

一七七三年、カビテの海軍工廠で小規模な反乱が起こった。これはゴルス、サモラ、ゴメスの三人のフィリピン人僧侶の扇動によるものとして、僧侶は冤罪を被らされて銃殺された。志士ホセ・リサール・イ・メルカドは当時まだ十二歳の少年だったが、すでにこの時、「フィリピンをフィリピン人の手に取り返さなければならない」と決心したという。一七八二年、リサールは故国を去ってヨーロッパに留学したが、一七八六年ドイツで「余に触るる勿れ」と題する小説を著し、その後、続編ともなる「貪欲の世」を世に出した。二作とも当時のフィリピンの社会状況を明らかにし、スペインの官吏や僧侶が勢力を持ち勝手に振る舞っている様子を巧みに織り込んで、祖国の窮状を訴えたものであった。この二作がたたって、リサールは一八七九年十二月三十日、緑豊かなマニラのルネタ公園で銃殺された。

一八七二年七月七日、アンドレス・ボニファシオは独立を計る同志を集めて秘密結社カティプナンを創設した。同志の中にはデオダト・アレリアノ、バレンティン・ディアス、テオドロ・プラタ、ラデスラオ・デイワ、オゼ・デソンらがいた。カティプナンはあくまでその目的を厳しく秘密にしていたが、一人の同志の妹がカトリック寺院での告白懺悔の際に、兄が陰謀の計画を抱いていることを告白したため、カティプナンの秘密が露見し、多数の青年党員がスペインの官憲に検挙され、アフリカ西岸のスペイン領や地中海のシグダ城砦に護送され投獄された。首領のボニファシオは幸いにも官憲の手を逃れ、全国の党員に檄を飛ばして決起を促し、自らマニラ郊外のカロカンに最初の独立旗を翻し、勇敢にスペイン軍と戦ったが、あえなく戦死した。その後に指揮者となったのはエミリオ・アギナルドだった。彼はカビテで挙兵し、一時は盛んな勢いだったが、しだいに形勢不利となってきた時、フィリピン人の間で信望の厚かったペドロ・パテルノが調停したのでこれに応じ、スペイン側から六十万ペソの支払いを受けて武器を引き渡し、部隊を解散。島内から退去することに同意した。協定が成立したのは一八九七年十二月二十七日である。アギナルドはスアールより香港に去った。

天正七年
島津義久、琉球への商船渡航禁止を解く。

一五七九

天正七年

イギリス人スティーブンスがインドに渡航

スペインとポルトガルに独占されていた東方貿易に割り込もうと虎視眈々としていたイギリスのトーマス・スティーブンスはインドに回航した。オランダがスペインに反抗して独立運動を起こす。

天正八年
イギリス商船平戸に来航。

天正十年
本能寺の変。

一五八一

天正九年

オランダがスペインから独立

一五九六	慶長元年 天正十三年豊臣秀吉関白になる。 文禄元年、朝鮮出兵。
一五九七	慶長二年 第二次朝鮮出兵。
一五九八	慶長三年 秀吉死去。
一五九九	慶長四年

オランダの第一回アジア遠征隊がジャワに到着

前年四月二日、コルネリス・ハウトマンを総指揮官とする商船隊はオランダのテキセル島を出発し、十五か月をかけてジャワに到達。この島の西端にあるバンテンに入港してバンテン王と条約を結び、香料類の取引を行った。

ハウトマンがインドネシア・ジャワ島から母国オランダに帰国

一月、ハウトマンの商船隊は帰路につき、八月にオランダに帰国した。出発する時、二四七名いた乗員は壊血病などで倒れ、帰国した時にはわずかに九十四名だった。

オランダ人ネックの商船隊がジャワに到着

第一回の探検隊が帰国すると、オランダはヤコブ・ヴァン・ネックを総指揮官として八隻の商船を派遣した。乗員は五八〇名。五月に出発し、年末にジャワに到着した

イギリスが東インド会社を設立

イギリスはスペインの無敵艦隊を撃破して海上の権力を掌握すると、アジアの海へも航海できるようになり、スペインに併合されていたポルトガルの勢力を挫いてそれまでポルトガルが独占していたアジア貿易を奪おうと考えた。

エリザベス女王からは「喜望峰からマゼラン海峡に至る国々、島々と以後十五年間自由に、かつ独占的に通商貿易を営むことができる」という特許状が与えられ、十二月三十日にイギリス東インド会社が組織された。イギリス東インド会社の最初の名称は

「東インド通商ロンドン商人組合（ロンドン東インド会社）」だった。

一六〇〇

慶長五年

関が原の戦い。
朱印船制度。

イギリス東インド会社が業務を開始

前年末に創立されたイギリス東インド会社はこの年早々に業務を開始し、続々と商船隊をアジアに派遣した。当時、その目的はアジア貿易の最重要品である南洋諸島の香料を獲得することにあったので、インドそのものを手に入れることはさほど重視せず、この地を足場として東南アジアに侵入することに専念した。しかし、東南アジア方面での争いでは、新興商業国であるオランダに圧倒されがちであったので、やむなくイギリスはインドに主力を注ぐことになったのである。

オランダ商船隊のリーフデ号が日本に漂着

ヤコブ・マフが率いる五隻のオランダ商船隊は、一五九八年六月二十七日、大西洋航路で南洋に入ろうとし、チリ海岸近くで暴風に遭って散り散りとなった。その一隻リーフデ号は、翌々年の四月十九日、大分海岸に漂着。この時、船内にいたのは二十四名であった。

オランダ船がマカオ付近に到達

第五回探検隊に属する商船二隻がマレー半島のパタニーに向かい、方向を誤ってマカオ付近の珠江河口に到着して上陸した。これが中国沿岸に到達した最初のオランダ船である。

一六〇一

慶長六年

スペイン船清水に漂着。船長らを家康が引見。

イギリス人ウィリアム・アダムスが日本に漂着

オランダ商船リーフデ号の水先案内人（航海長）として乗り込んだウィリアム・アダムスは初めて日本に上陸したイギリス人である。

その後、彼は徳川家康に重用され、三浦半島に所領を授けられ、三浦按針と称した。またリーフデ号の乗員ヤコブ・ヤンスゾーン・クアケルナク、メルヒオール・ヴァン・サンヴォールト、平戸藩初代藩主の松浦鎮信に遇されて五年後、タイ南方のパタニーに渡航した。

オランダ人ネックがタイの女王と条約を締結

十一月七日、パタニーに到着したヴァン・ネックは到着後三日目に早くもパタニーの女王に謁見し、オランダにとって都合のよい条約を結び、同地に商館を設けること、胡椒の取引について便宜を計らってもらうことなどの承諾を得た。

オランダ商船が始めてカンボジアに到着

インドネシア・ジャワ島のバンテン（バンタム）から北進した二隻のオランダ商船は、ほどなく一大河の河口に入った。この川はメコン川で、これがオランダ船による最初のカンボジア訪問である。

一六〇二

慶長七年

オランダ東インド会社設立

オランダ東インド会社が設立される前、各貿易会社および個人によってアジア方面に派遣された船舶の数は船隊十五、船数六十五を数えた。第一回のアジア遠征隊が帰ってきたのは一五九七年であり、この間わずかに五年のことで、いかにオランダのアジア進出への意欲が旺盛だったかを知ることができる。オランダはこの五年の経験により、大資本を擁する有力な団体だけがアジア貿易経営の大業を成し遂げられると確信した。そこで政府の指令により立法院のジョン・ヴァン・オルデムバーネヴェルトが取り持ち、オランダ東インド会社が設立された。この会社には、以後二十一年間、オランダ本国と喜望峰およびマゼラン海峡を経て行うアジア貿易の独占権をはじめ、広範な権力が与えられ、それまでアジア貿易に従った会社と社員はすべて新組織に組み入れられ、その経営は十七人からなる取締役会に委任された。取締役はオランダおよび同国南西部にあるゼーランドの重要な大都市の代表者を網羅していた。

慶長八年
徳川家康が征夷大将軍となる。
江戸幕府開かれる。
江戸市街建設。
慶長七年、松前藩、アイヌとの交易独占権を得る。

一六〇三 慶長八年

オランダがジャワ島のバンテンに居留地を造成

一六〇五 慶長十年

オランダ人ヤンスゾーン一行がオーストラリア西海岸に到達

十一月、ジャワのバンテンを出帆したヴィレム・ヤンスゾーン指揮下のオランダ商船デュイフケン号は、まずケー・アルーなどの諸島に寄港したあと、東に進んでニューギニアの西岸に到達。プリンス・フレデリック・ヘンリー島を回航してトレス海峡に船を乗り入れることを中止し、進路を南に転じて初めて左方にオーストラリア大陸を見た。それからニュージーランドのカンタベリー湾岸に沿って南下し、南緯十三度四十三分に達した。彼らがトレス海峡に船を乗り入れなかったのは、この海峡には島が点在しているため陸が連なっていると誤認したからである。彼らはニューギニアとオーストラリアとを区別して考えなかったが、ヤンスゾーンの一行こそオーストラリア大陸を見た最初のヨーロッパ人である。

一六〇九 慶長十四年

オランダ商船が平戸に入港

アブラハム・ヴァン・ブリュック、ヴァン・サンヴォールトの二名に率いられた二隻のオランダ商船は七月、平戸に入港した。二名は通訳を従えて駿府に家康を訪ね、オレンジ公の国書を奉じた。家康は「おらんた船日本へ渡海の時、何れの浦に着岸せしむるといへども相違あるべからず候。向後此の旨を守り実偽無く往来せらるべし。いささか疎意あるまじく候なり。以てくだんの如し。慶長十四年七月二十五日」と貿易許可状を与えた。家康の特許を得たオランダ人は非常に喜び、八月二十二日、パイレン号内で大会議を開き、平戸に商館を設立し、ヤキュース・スペックスを商館長兼商人頭とし、補助員三名、用務員一名を留めて若干の商品を残し、耐火土蔵付きの家屋一戸を借り入れて、これを商館に充てることを決議。九月六日、早朝、パタニーに向け帰港の途についた。この商館こそ、オランダが日本において最初に築いた足場であった。

一六一〇 慶長十五年

オランダがボルネオ南東部の権力者の修好条約を締結

オランダがインドネシアのジャカルタに商館を建設

オランダ東インド会社はジャカルタの部族ヴィジャヤ・クラマに取り入り、商館を設け

一六一二

慶長十七年

キリスト教禁止。

幕府、ヤン＝ヨーステンに朱印状を与える。

一六一三

慶長十八年

て貿易に従事した。

イギリスがインドのスーラトに商館を建設

イギリスはオランダと競争するとともにポルトガルとも争わなければならなかった。すでにポルトガルには往年の勢いはなかったが、過去百年の間、アジアの市場を独占してきただけに、その勢力はなお相当なものがあった。しかしイギリスはこの国と争い、しだいにその勢力を駆逐していった。同年、タブチ河口のスーラトに居留地を得ると、インドにおけるイギリスの勢力は強さを加えた。スーラトはインドにおける最初のイギリス根拠地である。

オランダがタイのアユタヤに商館を建設

オランダ人ヴァン・ワーウィックが一六〇五年、初めてタイの首都アユタヤを訪問して以来、しだいに通商の道が開け、一六一一年から一名の準社員がアユタヤに居住することになった。アユタヤのオランダ商館は市の城壁の内側に設立され、公の商館として開館したのは一六一三年であった。

イギリス人セーリスが平戸に商館を開設

ジョン・セーリスはグローブ号に乗ってこの年五月に平戸に入港。彼は同国人のウィリアム・アダムス（三浦按針）が日本にいることを知っていたので、すぐにアダムスを呼んでともに東に向かった。セーリスは駿府で家康に謁見してイギリス国王ジェームズ

一六一五 元和元年
大坂夏の陣、豊臣家滅亡。一国一城令。武家諸法度。

一六一六 元和二年
徳川家康死去。
イギリス船が平戸に来航。琉球での自由貿易を要請。

一六一八 元和四年

一世の書簡を渡し、珍しい品々も献上。さらに江戸に上って徳川秀忠にも謁見。家康からはイギリス国王に対する返書と通商許可の朱印状を受け取った。朱印状の日付は同年八月二十八日である。こうしてセーリスは平戸に商館を設け、リチャード・コックスを商館長として日英通商を開始した。

イギリス、スーラトでポルトガル艦隊を撃破

イギリスは、インド北西部スーラトにおけるイギリス居留地を奪取しようと来襲したポルトガル艦隊を撃破した。

オランダ人ハルトークがオーストラリア西海岸を探検

オランダ人ディルク・ハルトークはエンドラハト号を指揮し、本国オランダからジャワに行くのに際して喜望峰を越え、インド洋を横切るにあたり、従来よりも遥か南方を通った。十月、オーストラリアの西岸にあるディルク・ハルトーク島付近の南緯二十六度に付属島を発見し、それより北方の海岸を調査した結果、船名を記念してエンドラハト・ランドと名づけた。

イギリスとオランダがジャカルタで戦う（英蘭戦争）

オランダ東インド会社総督ヤン・ピータースゾーン・クーンは、ジャカルタに堅固な地盤を築くことが緊急の務めと信じてオランダ人の定住を推奨したので、一六一八年には三百人のオランダ人が住み、数千名の兵士を擁して港外のオルンスト島には砲台まで

一六二〇

日本がタイと通商を開始。

元和五年、イギリスのリチャード＝コックス船長が徳川秀忠に謁見。

元和六年

イギリス・オランダ連合艦隊が平戸に入港。

築造した。ところがジャカルタは当時、バンテン王の統治下にあり、バンテンはジャカルタの繁栄のために自国が寂れるのを恐れてジャカルタを圧迫し、オランダ人の台頭を押さえることになった。このバンテン王の策動に一役かったのがイギリスである。イギリスはオランダと肩を並べて南洋に進出してきたのだが、オランダに一歩先んじられたのを残念に思っていた矢先、イギリス本国から派遣された艦隊が間もなく到着することを知って勇気付けられ、バンテン在留のオランダ人を威嚇する一方、ジャカルタにおいてもオランダ砲台の反対側に堅固な防御陣地を構築して挑発的な態度を示した。

もちろんオランダ東インド会社総督クーンは黙っておらず、イギリス側に防御陣地の撤去を強硬に申し入れたが、聞き入れられなかった。そこでクーンは断固イギリスをジャカルタから追放することを決め、同年十二月二十三日、イギリス人居留地を奇襲した。しかし急な知らせを聞いて、バンテンに停泊していたイギリスの軍艦がジャカルタに回航してきたので、やむなくオランダ軍は要塞に籠城した。この籠城はおよそ半年続いたが、クーン総督が首尾よく指揮してようやくオランダ軍が優勢となり、ついにイギリス軍追放に成功。オランダはバンテンを引き払ってジャカルタに本拠を移し、バタビアと改名して付近をオランダ領とした。

イギリスがインドのマドラスを買収

イギリスはペルシャと同盟を結び、それまでオルムスを占領していたポルトガル人を追い払い、その代償としてオルムスに要塞を築くことを許された。また同年、コロマンデル海岸のマドラスを部族から買収し、ここに城砦を築いた。マドラスはインド東海岸

一六二二　元和八年

におけるイギリス初の根拠地である。

オランダがタイの商館を閉鎖

イギリスとオランダはタイの市場で互いに鎬を削って競争したが、結局それほどの市場価値を持つものではなく、タイ国内には内憂外患の事態が相次いで起こり、まったく混乱の地と化してしまった。そこでオランダはアユタヤ、パタニー、シンゴラの各商館を閉鎖し、以後は単に時々沿岸に寄港して取引を継続するだけとなった。

オランダが台湾にゼーランディア城を築城

オランダは中国におけるポルトガル人の商権をなくそうと艦隊を送ってマカオを攻撃させたが、オランダ軍の敗北となり、台湾西側の澎湖島に退却した。しかし一六二二年には台湾を占領して安平に城を築いた。この城はゼーランディア城と呼ばれる。オランダは、その後さらに台南にプロヴィンティア城（赤嵌城）を構築して守りを固くした。

一六二三　元和九年

オランダ人カルステンゾーンがオーストラリアのカーペンタリヤ湾を探検

一月、ヤン・カルステンゾーンが指揮したアルンヘム号とベラ号の二隻の船はニューギニアから南に進み、ヨーク半島の西岸をニューギニアの一部と考え、スターテン川を発見。ここから北に進路をとり、二隻の船は別個の行動をとった。ベラ号はアルー諸島を経て帰り、アルンヘム号はオーストラリア・カーペンタリア湾の西北岸を探検して帰った。カーペンタリアというのは当時、オランダの東インド総督の名で、この将軍を記

一六二五

寛永二年

徳川家光が三代将軍となる。

念するために名づけたものである。

イギリスが平戸の商館を閉鎖

イギリスが日本に売ろうとした商品は日本人の好みに適さず、その商法も日本の実情に適していなかったことから、イギリス商館の商売は不振を極めた。そこで商館長リチャード・コックスはついに平戸の商館を閉鎖し、本国に引き上げた。日本とイギリスの通商関係はわずか十年で断絶してしまった。

モルッカ諸島でアンボイナ事件が発生

モルッカ諸島の中心地アンボイナ（アンボン）は、イギリス、ポルトガル、オランダの三国による最も激しい係争地となった。辣腕のオランダ総督クーンはイギリス、ポルトガルに先んじてこの島を攻撃し、在留するポルトガル人、イギリス人を大勢虐殺した。このアンボイナ事件を転機として、イギリスは一時南洋に侵入することを断念し、インド経営に専念することになった。また、このアンボイナ事件に際して、およそ二十名の日本人も虐殺された。オランダ人は、一人の日本人が不用意にも在留オランダ人の数はどれくらいかと質問したことにかこつけ、日本人はイギリス、ポルトガルと共謀しているとして一挙に虐殺したのである。

オランダがジャワの領地で本国と同じ法律を施行

バタビア（ジャカルタ）に本拠を構えたオランダ人は、高度の利潤追求のため生産品

一六二七　寛永四年

の割り当て制度、強制制度によって貿易の効率を上げようとしたが、法律という面倒な約束事に拘束されることのない地方の住民たちは、契約どおりの産物の引き渡しや割り当てを守らなかった。そこでオランダは東インド一帯に法律を敷く必要を感じ、この年、風俗、人情、習慣がオランダとまったく異なるジャワに対して本国とまったく同じ法律を敷き、統治の原則として「各地の部族はオランダの主権に服従することはもちろん、部族が行っている法律的決定もオランダ人官吏に委ねるべきである」という立場を堅持した。

オランダの台湾長官ピーター・ヌイツが日本船を抑留

日本は早くから台湾中南部で中継貿易を営んでいた。ところが新たに入り込んできたオランダ人は、日本船が台湾で直接中国人と取引するのを喜ばず、日本船を抑留する目的で輸出品に課税することになった。日本人は敢然としてこれに抗議し、承服しなかった。一六二二年、オランダ人はこの状況をジャワ総督コーエンに報告してその処置を願った。総督は日本人の抗議には一理あるので、日本人だけは関税を免除して自由貿易を許すが、日本人も関税を除く諸税は納めなければならないと命じた。

しかし日本側に言わせれば、あとから乗り込んできたオランダ人に日本人が命令されなければならない理由はなく、あくまでオランダの主権を認めない態度に出た。こうして両国は台湾で相争う結果となったが、一六二六年、台湾長官ピーター・ヌイツは日本を訪問して幕府に陳情し、日本船が台湾に渡航するのを禁止しようとしたが、台湾貿易に従事していた長崎の代官末次平蔵らの妨害により目的を達しないまま台湾に帰った。

一六二七年四月に末次平蔵の船が台湾に入港すると、ヌイツは日本船を抑留した。前年の失敗に対する報復の意味である。

一六二八

寛永五年

スペイン艦船がシャム国メナム河口で朱印船を沈没させる。

イギリスがビルマと貿易を開始

台湾事件（高砂事件）

ピーター・ヌイツによって乗船を抑留された日本船の一船長はかろうじて逃れ、事の次第を末次平蔵に語った。豪気な平蔵は大いに怒り、復讐の計画を進めた。濱田弥兵衛は長崎の町人で義侠心と勇気があり、平蔵が日頃から目をかけていた人物だったが、平蔵がオランダを懲らしめる計画を持っているのを聞き、進んで平蔵のために働くことになり、一六二八年に船頭となって台湾に渡った。乗組員は四七〇人余りだった。弥兵衛一行が台湾に着いたのは四月某日。彼はただちに信書をピーター・ヌイツに渡し、通商を願った。ヌイツは返書で、船長自ら上陸して長官に請願するのが慣例であると述べた。そこで弥兵衛は五人の部下とともに上陸してヌイツの官邸に行った。こうしてヌイツは弥兵衛らを官邸内に監禁し、一士官に命じて日本船を襲わせ、武装を解除させた。弥兵衛らは、このまま帰国するから自分たちを釈放してもらいたいと要求したが、ヌイツはこれを拒否。弥兵衛は非常に怒り、いきなりヌイツに飛びかかり、仲間の助けを借りて高手古手（両手を後ろに回し、首に回した縄で手首や二の腕を縛る）に縛り上げ、騒げば首を引き抜いて息の根を断つと脅した。ヌイツは縛られたまま交渉を続け、六日後に交渉が成立。ヌイツの子ローレンツ・ヌイツおよび四人の館員のオランダ人と、弥兵衛の甥以下五人の人質が交換された。

オランダがマタラム王国と戦う

ジャワ最大の王国であるマタラムは一六一四年、サルタン・アグンが即位すると、俄然オランダに敵意を示し始めた。彼は自分の領土から目と鼻の先にあるバタビア（ジャカルタ）でオランダが強大な勢力を築いていくことに脅威を感じ、オランダ人に自分の支配権を認めさせるか、オランダ人を島外に追い出す以外に手はないと考えた。当時、オランダがジャワ中部の要港ジャバラを占領すると、徹底的にオランダと抗争する決意を固めた。

一六二八年八月、アグン王は一万余りの大軍を派遣し、陸海両方面からバタビアに進撃したが、オランダ軍は新式の武器で善戦し、互いに勝敗があったが、十二月、マタラム軍は包囲網を解いていったん自国領に引き上げた。翌年八月、アグン王は再び軍勢を整えてバタビアに攻め寄せて包囲したが、オランダ軍に食糧を焼かれ、飢餓に追い込まれ、かつ疫病が流行ったために軍勢の士気が非常に下がった。このため、十月に入ると、王はやむなく包囲網を解いてまたも引き上げた。その後二十八年間、双方がにらみ合う形となったが、一六四六年に王が死亡し、その子アマンクラが即位すると、もはやオランダの積極的侵入を押さえることができず、東インド会社と講和し、相互援助の条約を締結した。しかし、その後間もなく内乱が起こったので、オランダのバタビア政府は国王軍を援助して反乱軍を鎮圧し、その代償としてマタラム王からチマヌ川以西の南海岸に達する国土、スマランとその付近の地域を割譲させ、全マタラムにおける自由貿

一六三五

寛永十二年

朱印船貿易停止。
海外への渡航、帰国禁止。

一六三六

寛永十三年

一六三三年から三六年、ラメイ島（現・屏東県琉球郷に属する琉球嶼）で虐殺事件起こる。住民の反オランダ抗争とオランダ側による住民虐殺及び強制連行事件。

易、関税免除、戦費賠償の保証のために諸港を貸与させることに成功。マタラム王国分割の第一歩を踏み出した。

イギリスが中国と通商関係を結ぼうと画策

イギリスの船長チャールズ・ウェッデルが厦門付近に現れ、中国政府と通商関係を結ぼうと画策したが、当時ポルトガルが中国貿易を独占していたので目的を達することができなかった。

アユタヤのオランダ商館が再開

タイの商館を一度閉鎖したオランダは一六三四年になると再び商館の建設を開始し、二年後に商館が完成した。規模、構造ともに壮大なものだった。

台湾事件が落着

人質を交換して長崎に帰って来た濱田弥兵衛は、船主である末次平蔵を通じて幕府に事件を報告した。幕府は弥兵衛らの豪胆な行動が正当であることを承認し、この年の七月、平戸にあったオランダ商館に対して貿易を禁止することを通告した。バタビアの総督は事件を知ると、かつて日本を訪れたことのあるヤンスゾーンを日本に派遣して日本側の誤解を解いて貿易を続けようとしたが果たせず、ついに事件の張本人であるピーター・ヌイツを日本に引き渡した。ヌイツが日本に着いたのは一六三一年八月のことだった。ヌイツを人質にしたことにより幕府もオランダの誠意を認め、オランダの対日貿易を許可した。ピーター・ヌイツは以後、平戸の小川庵に監禁されていたが、一六三六年、フランリア・カロンが東インド総督から日光廟に奉納する青銅製の七九六ポンドの大燭台その他を献上するため江戸に参府した時、ヌイツの釈放を請い、初めて許された。これで、いわゆる台湾事件が落着した。

一六三七

寛永十四年
島原の乱が起こる。

イギリスのウェッデルが広東に到着

厦門で貿易を始めようとして失敗したイギリス船は広東に進み、ここで貿易を始めようとした。しかし、ここでは外人との貿易は対等の通商ではなく、外国人が朝廷に貢物を献上する名目で行われていた。この地では主としてポルトガルが通商関係にあり、イギリスの貿易はあまり振るわなかったが、一六三八年になると、イギリス東インド会社の代理店が置かれた。

一六三九

寛永十六年
鎖国が完成。

幕府がオランダ人と中国人だけに対日貿易を許可

イギリスがインドのマドラス城塞を強化し、聖ジョージ城を築城

一六四一

寛永十八年

平戸のオランダ人が長崎の出島に移動

一六四二

寛永十九年

タスマンがタスマニア、ニュージーランドを発見

オランダ人アベル・タスマンはこの年、六十トンの小船ヘームスケルク、ゼーヘンの

一六六一　寛文元年

二隻を率いてバタビアを出航し、タスマニアを発見。オランダ東インド総督アントニオ・ヴァン・ディーメンの名にちなんでヴァン・ディーメンス・ランドと名づけた。さらに、ここから八日間東進してニュージーランド南島に到着し、南北ニュージーランドをスターテン・ランドと名づけた。

インド・ボンベイがイギリス領となる

この年、ポルトガル王女がイギリス国王チャールズ二世の妃となったので、ポルトガル王は王女の化粧料としてチャールズ二世にボンベイを贈った。ポルトガル王が同地をイギリス国王に贈ることが決まると、ポルトガルのゴア総督は「イギリス人がボンベイに腰をすえる日に、ポルトガルはインドを失うだろう」と諫めたが、ポルトガル王はこれを聞き入れなかった。

一六六八　寛文八年

ボンベイがイギリス東インド会社の支配下に入る

イギリス国王はポルトガル王からボンベイを譲歩されたにもかかわらず、維持は非常に困難だったので、一年わずか一ポンドの地代でイギリス東インド会社に貸し下げた。

寛文九年
アイヌ蜂起。

一六八〇　延宝八年

イギリスの東インド会社が業務を開始

イギリスのビルマ侵入は一六二七年に始められたが、当時のビルマには排外的な空気がみなぎっていたので、活発な活動を行うことができず、一六七七年に全面的に後退した。しかしその後、インドにおけるイギリス東インド会社の活動が盛んになり、再びビ徳川綱吉が五代将軍となる。

ルマに着眼し、貿易を独占しようとして代表をコンボウン王朝の首都であったアヴァに派遣して交渉を開始した。

一六八一 天和元年

ベンガル地方のイギリス商館がマドラスの支配を脱する

一六四〇年頃からフーグリをはじめパトナ、ダッカなどにイギリス商館が設けられたが、これらの商館はマドラスの支配を脱して独立した。

一六八三 天和三年

中国・広東にイギリス東インド会社の代理店を設置

一六八五 貞享二年

イギリスがムガール帝国に宣戦布告

この時代までイギリスはインドを領有しようとせず、貿易による利益のみに満足していたが、ムガール王アウラングセブのイスラム教政策がたたって国内が乱れたので、従来のようにたやすく貿易ができなくなってきた。そこで、これを機会に自己の勢力を伸張しようと企図し、ムガール帝国に対して宣戦布告し、スーラト付近でムガールの商船を捕獲した。

一六八七 貞享四年

イギリスが遠征軍をムガール帝国に派遣

イギリスはムガール帝国沿岸に持っている自国の植民地を保護するために遠征軍を派遣したが、勢威が振るわず当初の目的を達することができないので、やむなくムガール帝国と講和し、いったんイギリス軍はベンガル地方から撤退した。

一六八八

元禄元年

イギリスがインド西海岸における主権地をボンベイに移す

それまでイギリス東インド会社の主権地はスーラトだったが、この年ボンベイを主権地に変更した。これよりボンベイは日に日に隆盛し、イギリス貿易の中心地として今日に及んでいる。

インド・カルカッタ市の建設

イギリス商館は一時、インドのベンガル地方から撤退していたが、この地にはすでに長くイギリス人が居住していたことから、外国貿易の衰退はこの地方の産業を萎縮させる恐れがあるので、ベンガル総督はイギリス商館の開設を希望した。そこでイギリス東インド会社は、ガンジス川から分かれベンガル湾に注ぐフーグリ河畔に居留地を設けた。これが今日のカルカッタである。

一六九五

元禄八年

対馬藩が竹嶋問題に関する「疑問四箇条」を提出。

イギリス東インド会社の重役が多数投獄される

一六六〇年から一六九〇年までの三十年間はイギリス東インド会社の黄金時代で、毎年の配当率は二割五分に達した。しかし、その巨大な利益は極めて少数の大株主が独占していたので、当然の結果として東インド会社のアジア貿易独占権を取り消せという声が高まってきた。一六八八年になると、それまでイギリス東インド会社の保護者だったスチュアート王家が没落したので、イギリス東インド会社は有力な味方を失い、直接イギリス議会と対峙しなければならなくなった。

イギリス議会は、まずイギリス東インド会社に加えられている数々の非難について調査会を開かせることにしたが、その結果、会社は新しい特許状を得るために政府や攻撃者に対して八十万ポンドの賄賂を贈ったこと、一六八八年から一六九四年までの六年間に百七〇万ポンドの大金が不当に消費されていることが暴露され、一六九五年には多数の重役が投獄された。

一六九七 元禄十年

バウアーを団長とするイギリス使節がビルマを訪問

一般国民の外国人に対する反感は減少しなかったが、鉱物資源に富んだビルマの重要性に着眼したイギリスは、貿易を口実にしてしだいに勢力を伸張していった。その頃、ビルマ王の実権は振るわず、とくにアラウンパヤー王の逝去後、国内には諸民族や権力を持った臣下が互いに勢力を争った。とくにビルマ族、タライン族、アラカン族などの抗争は非常に深刻だったので、イギリスはインドにおける場合と同様に、これらの諸民族を互いに争わせ、しだいに勢力を伸張していった。

一六九八 元禄十一年

イギリスが新東インド会社を設立

イギリス東インド会社の酷い状況が暴露されると、インド絹の輸入によって大打撃を受けていたロンドンの絹織業者が音頭をとって東インド会社の攻撃を始め、ロンドン市民がその宣伝に乗ってイギリス東インド会社を襲撃。事態が不穏となったので、会社はこの攻撃を防止しようとインド貿易の独占権確保を条件として四分利で七十万ポンドの国債に応じることを提議した。反対派は三分利二百万ポンドの国債に応じてインド貿易の独占権を奪おうと努め、結局、一六九八年に議会は新しい会社の組織を許可し、イギリスの東インド会社は「ロンドン東インド会社」と「イングランド東インド会社」の二社となった。

一六九九 元禄十二年

イギリス人ウィリアム・ダンピエールがオーストラリア西岸に到達

ダンピエールは当時、太平洋、大西洋を荒らし回っていた海賊の一人だったが、南米を迂回して太平洋に出て、マレー諸島を経てティモールの西端から南に進み、一六八八年一月四日、南緯十六度五十分の地点でオーストラリアの西北岸に到達した。ここからオーストラリアの海岸に沿って東北に進み、さらにスマトラに向かった。彼は海賊に似ず文章をよくしたことから、帰国後、一六九七年に自身の紀行を出版した。

当時、イギリスは太平洋方面に新植民地を開こうと計画していたところだったので、彼の行動に動かされて彼を船長に起用することを決め、十二門の大砲で武装した二〇〇トンの軍艦ロベックを与えて、一六九九年一月十四日、イギリスを出帆させた。八か月後、彼はオーストラリア西岸に到達し、鮫の大群が跳ね返っていたので、この一湾をシャーク湾と名づけた。さらに彼は東北に向けて海岸に沿って探検し、エロバック湾に到達した。しかし、その土地は痩せていて飲料水も得られず、そのうえ潮流が激しく岩礁も多く、危険このうえないので、オーストラリアに見切りをつけてティモールに向けて北に進みニューギニアを探検。その後、東方に転じてニューアイルランド、ニューブリテンに達した。

一七〇〇 元禄十三年

イギリスが舟山島で貿易を開始

一七〇八

宝永五年

元禄十五年、元禄赤穂事件起こる。

宣教師シドッチ、逮捕される。

宝永七年、武家諸法度。

中国市場の獲得を狙うイギリスの東インド会社は、この年、カティプールに全権を委ねて中国に送り、いろいろと交渉を重ねた結果、広東のほかに舟山島でも通商を行うことができるようになった。しかし、両地とも中国は重税を課していたので、貿易はさほど振るわなかった。

イギリスの東インド会社二社が合併

二つの東インド会社がアジア貿易をめぐって激しく争うことはイギリスを不利にするので、イギリス王室および議会は一七〇二年になってゴールドフィン伯の調停により初めて両者間に十分な和解が成立し、名実ともにイギリス東インド会社は一体となった。

オランダが経済的にジャワの実権を掌握

オランダは旧チュリボン領およびプリアンガンの一部、マズラ島のスメネプ島を得て、それまでマタラム王国が滞納していた賠償金の取り立て方法を設けて経済的にジャワの実権を掌握した。

オランダがジャワで部族長に代政権を与える

オランダ東インド会社は領土が拡大するにつれて、本国の法律をそのまま適用することが困難となり、現地に適した法律を作らなければ統治の成果を収めにくいことを痛感し、オランダ人自らは直接的に実際の住民統治には当たらず、代政権を部族長などに与え、旧来の特権や道徳、習慣などに従って彼らに先住民を支配させ、オランダ人はその統治ぶりを監督する立場に立った。オランダがさほど実力がないのに数百年にわたって広大な東インドを支配することができたのは、この巧妙な植民地政策によるところが大であると言われている。

一七一五
正徳五年
享保元年、徳川吉宗が八代将軍になる。

イギリスが広東の商館を強化

対中国貿易が有望なことは、さまざまな悪条件があるにもかかわらず十分に察することができるので、イギリス東インド会社は広東の代理店を強化して商館を設立し、本格的に対中国貿易に乗り出すことになった。

一七二一
享保六年

ロッゲヴェーンがサモア諸島に渡来

サモア諸島は南緯十三度五分、西経百六十九度ないし百七十五度の間に横たわっている。ツワーイラ島、タウ島、オフ島、オロセガ島などからなり、面積わずかに七十六万平方マイルだが、この諸島の軍事的価値は高い。ハワイとオーストラリアのほぼ中央に位置し、水深は深く、停泊に適し、南太平洋の軍港としては打ってつけである。そのうえ気候もよい。オランダ人のヤコブ・ロッゲヴェーンは、この諸島は地味肥沃で、住民には美人が多く、温和であり、ヨーロッパ人が住むのに適していると報告している。

一七二二
享保七年

エルベルフェルトがジャワで反乱を起こす

ピーター・エルベルフェルトはドイツ人を父に持ち、ジャワ人を母とする混血児だった。生来オランダ人に反感を持っていたので、先住民の間に反オランダ熱が醸成されてロシア人、千島を探検。

いることを知ると、同志四十七名と相談してジャワにおけるオランダ人勢力を根こそぎ退けようと計画した。実行の直前に計画が発覚し、エルベルフェルトはただちに捕えられ、その首を自宅の壁に縫いつけられた。彼の首は現在も残っている。古風な石垣の上に、彼の頭蓋骨は錆びた槍に突き刺されたまま晒され、その下にはオランダ文字とジャワ文字で次のような字句が刻まれている。

「反逆者ピーター・エルベルフェルトの呪われた記念を永久に残すために、誰もこの邸に家を建ててはならない。樹木を植えてはならない。バタビア（ジャカルタ）、一七二二年四月十四日」

一七二九 享保十四年

清の雍正帝がアヘンの禁令を出す

中国の民衆がいつ頃からアヘンを吸飲するようになったのか、その起源は定かではない。あるいは元の時代からであるとも言われる。

ケシが薬として効能を持つことは宋の時代からすでに知られていたが、アヘンを吸う習慣はスペイン人がフィリピンに伝え、フィリピンから台湾に伝えられ、さらに福建に伝わったとも言われる。またアラビア産のアヘンが陸路中央アジアを経て、または海路にて広東に運ばれたものとも言われている。とにかくアヘン吸飲の風習は初め海港都市などの煙館のみで行われていたが、しだいに一般社会でも行われるようになったので、雍正帝は禁令を発布した。

一七四三 寛保三年

ビルマのタライン族がシリアムにあるイギリス人の工場を焼く

一七四六　延享三年

フランス軍がマドラスからイギリスを駆逐

フランスはイギリスに四年遅れの一六〇四年にフランス東インド会社を組織したが、その後方針が一定しなかったので、貿易の進展にはみるべきものがあまりなかった。

当時、ヨーロッパでは重商主義の思想が強く、海外に根拠地を獲得して貿易を進め、国富を増やそうという時代だった。とくにその色彩を濃厚に持っていたコルベールがルイ十四世の宰相に挙げられると、一六六四年に第五回目の東インド会社が組織され、ポンディシェリの地を得て根拠地とし、さらにシャンデルナゴルなどを得たが、前者はマドラス、後者はカルカッタと接近していたので、勢いイギリス・フランスの両国は競争せざるを得ない立場となった。

ヨーロッパにおいて一七四〇年、オーストリア王位継承戦が勃発。イギリス・フランス両国が敵対関係になるにおよび、その争いが植民地にも波及してインドもその余波を蒙ることになった。

この頃、ムガール帝国はようやく衰退に瀕しており、イギリス・フランス両国は互いに勢力をインドに広げようとしていたが、一七四一年デュプレーがポンディシェリの知事になると、インド侵略の雄志を抱き大いにその経営に努めた。彼は十八歳の時にインドに渡り、その妻もインド生まれでインド語に通じていたので、夫を助けて功を挙げた。

一七四六年にデュプレーの要請に応じてモーリシャス島の知事ラブルドネーがインドに来ると、マドラスを陥れてイギリス人を追い払い、以後イギリスとフランスの両国はインドで兵刃を交えることになった。この戦いは一七四八年まで続いた。

一七四九 寛延二年

ジャワのマタラム王国が一時滅亡

この年、マタラム王パクブウオノ二世は死亡したが、彼は生前、オランダ排斥の兵変を何度も起こし、そのたびに失敗したので、到底オランダと戦うことは不可能なことを知った。そこで死に臨んで、自ら進んで国家の主権をオランダ東インド会社に譲渡し、子孫は長く会社の恩恵によって王位につくことができるようにする案をオランダに提議し、後継者もまたこれに調印したので、一時マタラム王国は滅亡した。

一七五〇 寛延三年

オランダがマタラム王国を二分する

一時マタラム王国は滅亡したが、貴族や高官などはパクブウオノ三世を即位させて反乱を起こし、オランダ領の北海岸に侵入して大いにオランダ軍を破った。そこでオランダ東インド会社は策を講じて反乱勢力を巧みに操り、マタラム国を二分し、会社保護のもとに二つの国家を建てた。

一七五二 宝暦二年

オランダがバンテンを保護国とする

この年、バンテン（ジャワ島西北部）はオランダに対し反乱を起こしたが、鎮圧された。新しいサルタンは、バタビア（ジャカルタ）政府と条約を結んでその保護国となり、スマトラのランポンス州をオランダに割譲した。

一七五六 宝暦六年

フランス人デュプレーがインドを去る

オーストリア王位継承戦が終わってからもデュプレーはインド攻略の志を捨てず、しだいにイギリス人を圧迫し、まさにその地歩を凌ごうとする勢いを示した。しかし、フランス政府の方針は一貫せず、ついにフランス東インド会社はみだりに軍費を費やすことができないとし、一七五六年にデュプレーを本国に召還するにおよんで、フランスのインドに対する積極政策は終わりを告げることになった。

一七五七 宝暦七年

プラッシーの戦いでイギリスがベンガル軍を撃破

フランス人デュプレーの積極的政策に対抗してイギリスの地位を維持し、さらにこれを発展させたのはロバート・ヘンリー・クライブである。彼は十八歳の時にイギリス東インド会社の書記としてインドに渡ったが、もともと乱暴者として母国の学校で持て余されていたほどなので、会社の煩雑な事務に従事することに不満があり、一時は自殺しようとしたこともあった。しかし二十一歳の時に義勇軍に加わり、しだいに功を立てるようになった。

一七五六年、ヨーロッパで七年戦争が起こり、再びイギリスとフランスが交戦すると、争いはインドにも波及した。ベンガル王スィラージュ・アッダウラはフランスの援助を受けてイギリスを圧迫した。イギリスはワトソン提督に二千四百の兵を与え、マドラスからベンガルに兵を派遣したが、東インド会社はベンガル王の征伐が目的ではなかったので、王のほうから平和の申し入れをすると、ただちに応じて停戦状態に入った。ところが、ベンガル王は故意に交渉を長引かせ、いろいろと権謀術数をめぐらして有利に問題を解決しようとした。クライブはマドラスから派遣された遠征軍の中に加わっていたが、ベンガル軍の総司令官ミル・ジャファアールを味方に引き入れ、七月二十二日、約五万のベンガル軍と戦い、カルカッタの北方プラッシーで撃破。カルカッタの領有を確実にし、ベンガルの財政および兵馬の権利を収め、イギリス人の権威を回復するとともにイギリス領インドの基礎を建設した。

一七五九
宝暦九年
農民一揆弾圧策。
藩札発行停止。

イギリス人フリントが寧波開港を画策するが失敗

イギリス東インド会社に雇われていたジェームズ・フリントは、中国の寧波で通商関係を結ぼうと画策したが成功しなかったので、そうなれば皇帝に直接陳情する以外にはないと考え、貿易上の特権を得ようと中国船に乗って天津に到達した。同地の中国官吏はただちに彼を逮捕し、一度投獄したのち広東に送還し、中国領以外に追放した。中国の外国品輸入に対して法外な関税を課し、外国貿易を制限しようとする意図は少しも変わらなかったのである。しかし、そのために外国貿易を行う者は直接関税の徴収にあたる地方官憲と結びついて賄賂を贈り、密貿易が盛んになる結果となった。そして密貿易品の中で最大のものは、インド産のアヘンであった。アヘンの密輸によって中国の銀は盛んに流出した。

アロムプラ王がビルマのイギリス商館を打ち壊す

一七六〇
宝暦十年

イギリスがビルマのバセインに商館を復興する

一七六五
明和二年

イギリス人クライブがベンガル総督となる

一七六八 明和五年

一七六九 明和六年

一七七〇 明和七年
徒党禁止令。

フランスの大航海家ブーゲンビルがサモア諸島に来航

フランスの航海家ブーゲンビルはサモア諸島に来航すると、この諸島を「航海者の島」と名づけ、海図の上に正確な位置を記入した。

イギリス人ジェームズ・クックがニュージーランドを再発見

ニュージーランドに最初に到達した白人はアベル・タスマンだった。彼は一六四二年十二月、タスマニアから回航してここに到着したが、屈強なマオリ族は白人の侵入を喜ばず、上陸しようとした四人の船員を殺害したので、タスマンはその湾をマーダラス・ベイ（殺人湾）と名づけた。その後、ここには訪れる者もなかったが、タヒチ島から南下したイギリスの探検家ジェームズ・クックは一七六九年十月七日にニュージーランドに到着、再発見した。

クックがオーストラリア東岸に到達

ニュージーランドから南に進んだクックの探検船エンデバー号は一七七〇年四月十九日、オーストラリアの東岸に達した。彼はただちに上陸しようとしたが、波が高くて目的を遂げることができないまま海岸に沿って数日間北上し、鬱蒼と草木が岸を埋める一湾を発見して錨を下ろした。それまでは主としてオーストラリア西海岸を探検していたので、東海岸の気候が温和で、地味が肥沃なことに気づかなかったのである。彼は植物が多く繁茂しているところから、この湾にボタニー湾と名づけた。なお、最初にオーストラリア大陸を見た者は乗組の先任少佐ザカリー・ヒックスだった。

一七七一

明和八年

ニュージーランドの三か所にイギリス領の標札が立てられる

ジェームズ・クックはポヴァティ湾に投錨し、南に進んでターン・アゲイン岬に向かい、北に針路を転じてきたニュージーランドのスリーキング諸島に進出。さらに南に進んでマリア・ヴァン・ディーメン岬を過ぎて一七七〇年にはニュージーランドを南北に分けるクック海峡を通過した。そこからまた北に進んで二度目のターン・アゲイン岬訪問を行い、ここからまた南に下がってスチュアート島に達し、さらにニュージーランドの南端を極めようと北に進み、フェアウェル岬を発見した。彼は同年四月一日、ニュージーランドを去ったが、以後、三か所にニュージーランド全島がイギリス領であるという標札を立てた。

クックがオーストラリア東岸をイギリス領であると宣言

クックはボタニー湾から錨を上げたあと海岸に沿って北上し、ポート・ジャクソン、ホークスベリー河口、ポート・スティーブンスなどを通過し、ヨーク岬を過ぎ、トレス海峡に差しかかった。彼はオーストラリア大陸から離れつつあることを知り、ヨーク岬の西岸からおよそ二マイル離れた海峡上の小島に上陸。そこにイギリス国旗を掲げ、オーストラリア東岸をニューウェールズと名づけ、イギリス皇帝の名において領有を宣言した。一七七〇年八月二十二日のことである。

イギリス人ヘイスティングスがベンガル知事となる

イギリス東インド会社のインド統治では、財政および兵馬の権利を会社に収め、行政

一七七三
安永二年

司法の二権を領主に委ねていたが、この政策は内政の退廃を招き、会社の委託を受けて租税の徴収を司る者に腐敗を生じさせた。会社員には私利を貪る者が多く、したがって会社の経済も乱れたことから、ウォーレン・ヘイスティングスをベンガル知事に任じてこの難局を処理させた。この時、ヘイスティングスは三十九歳だった。

イギリス政府がインド管轄法を制定

ベンガル知事に就任したヘイスティングスは、会社自らが徴税を管理することにし、司法権も会社の手に収めて営利会社の基礎を固くすることに努めた。一七七三年になってイギリス政府はインド管轄法を定め、総督を置いてインドに関する一切の政務を管理させ、別に五人の評議員を置いて補佐に任じ、ヘイスティングスを初代総督に任命した。

ヘイスティングスが虐政によりインドを統治

インド総督に任ぜられたヘイスティングスは自身の考えだけで大事を決行し、ムガール皇帝を擁してインドの侵略に努めた。マーラタ同盟がフランスに利用されることを恐れてこれを破り、住民の反乱があるごとに干渉してイギリスの実権を拡大した。

彼の政策は徹頭徹尾、侵略することにあった。たとえばウードの王スジャー・ウッダウラに向かって「イギリスの軍隊を貸すから隣接したロヒラ人の国ロヒカンドを占領せよ。ただし、その代償として四十万ポンドを提供せよ」と教唆して、何の理由もないのにスジャー・ウッダウラをロヒカンドに入らせた。「ロヒラ戦争の目的は他国人を侮蔑ロシア船が千島列島の得撫島に来航。

したことのない善良な人々からよい政治を奪い、その意志に背いて悪政を押しつけるということだった。ロヒラ人は平和を望んで哀訴嘆願し、巨額の金を積んでひたすら戦争を避けようとしたが、すべては無駄だった。彼らには徹底抗戦のほかに方法はなかった。血なまぐさい戦争がこうして起こった。インドにおいて最も善良で最も立派だった国民は、貪欲、無智、残虐な荒くれ者の手に委ねられ、スジャー・ウッダウラの貪欲をそそった豊かな国は、今や惨めな国の中でも最も貧乏な地方に成り下がった」とマコーレーは述べている。

このロヒラ戦争はイギリス本国でも相当な非難を浴び、政府はヘイスティングスに顧問会議を開くように命じた。顧問会議の議員の過半数はヘイスティングスの反対派だったうえに、当時インド人が非常に尊敬していたバラモン僧ナンダクマールが「ヘイスティングスは官職を売り、かつ罪人から収賄を受けて無罪放免にした」という告訴状を顧問会議に提出した。ヘイスティングスは形勢不利と見てナンダクマールが六年前に他人の筆跡を偽造したという理由で告訴し、死刑を宣告した。

マコーレーはこの時の死刑の実情を次のように述べている。「絞首台の周囲には無数の人々が集まってきた。すべてが苦悩と恐怖の表情を浮かべていた。彼らは最後の瞬間まで、どんなにイギリス人でもこの偉大なバラモンを殺すことはないだろう、殺しはしまいと信じたかったのである。ついに悲壮な行列が群集の中を進んできた。ナンダクマールは輿の中に端座し、乱されぬ心の平静さを示す眼差しであたりを見回した。それは近親の者への告別である。近親者の涙と、思い惑うように見えるその振る舞いは、さすがにヨーロッパ人の顔色を青ざめさせた。この告別は囚人の水のような冷静さと対比して強い印象を与えた。会議の友人たちによろしくと言い残して、彼はしっかりとした足取りで刑台に上がり、絞首台に向かって合図した。揺れた彼の身体を見た無数の人々は、一斉に大きな叫喚を上げた。人々はこの痛ましい有様を見て、泣き叫びながらフーグリ川を指して走って行き、その川水に浴して穢れを清めようとした」

さらに、こういう例もある。ヘイスティングスは金を絞り取るためにウードの一女王のもとにイギリス兵を派遣し、王宮を占領し、女王を捕えて一室に幽閉した。それでも財宝を提供することに承諾しなかったので、女王に最も忠実で女王も愛していた二人の老人を捕え、檻の中に投げ込み、死ぬほどに飢えさせたうえで弱りきったところをルクノーに護送して拷問にかけた。一方、また女王への禁固はますます厳重にし、食物もほとんど差し入れなかったので二人の腰元は餓死した。

こうして百二十万ポンドを女王から搾り取ったのである。このようなことは枚挙にいとまがない。こうして彼はイギリス領インドの基礎を築いたのである。

一七八四

天明四年

米買置禁止。

アメリカ船が初めて中国・広東に入港

ニューヨークのロバート・モリス・アンド・ダニエル・パーカー会社はアメリカ政府の航海状を受け、エンプレス・オブ・チャイナ号(三六〇トン)を中国に派遣、同船は八月二十八日、広東に入った。中国に人参を送り、茶、陶器を積んで帰った。これは、最初に中国に入ったアメリカ船だった。

インド二重統治

蝦夷地見分。
蝦夷地探検。

一七八六

天明六年

蝦夷地御用船。

イギリスのウィリアム・ビット内閣においてイギリス東インド会社をまったく本国政府の監督下に置くインド法が制定された。すなわち新たに監督会議を設けて六名の監督官を置き、本国ですべての会社の事業を監督し、会社がインド人と取り決めして開戦する場合には本国の許可を受けるべきことにした。このようにイギリス政府と東インド会社とが相並んでインドに臨んだ時代を「（インド）二重統治時代」という。

イギリスのコーンウォリスがインド総督となる

ヘイスティングスの次に総督となったジョン・マクファーリンを経て、三代目の総督となったコーンウォリスは、検地を行い、従来の収税吏に永久土地を貸しつけて一定の地租を納めさせることにし、土地制度を確立した。

イギリスがマレー西方ペナン島をケダー州サルタンから割譲させる

イギリス東インド会社はマレー半島およびマレー諸島が取引地として大きな価値を持っていることを認めていたが、この地帯の取引はオランダが独占していたので、適当な地を選んで根拠地にしようという野望を抱いていた。ところがフランシス・ライトというイギリス商艦長は、東インド会社のウォーレン・ヘイスティングスに対し、ペナンあるいはサラン島を占領すれば非常に便利だろうと意見を述べた。

ヘイスティングスはこの意見に賛成したので、彼はケダーのサルタンを説得して同意させ、一切の準備を整えて七月十五日早朝にペナン島に到着。その後の十数日は軍隊、軍需品、銃砲などの陸揚げ、土地の整備、テントの用意、陣地の構成、兵舎の構成、旗竿の設置などに費やし、八月十一日、ライトは部下全員と前日到着していた東インド会社所属ヴァンシッタート号、ヴァレンタイン号の全乗員の目の前でペナン島最初のイギリス国旗を立て、次のように宣言した。

「私はベンガル総督並びに私に与えられた命令および訓令に従い、プーロー、ペナンという島々を本日以後、プリンス・オブ・ウェールズ島と名づけ、イギリス皇帝ジョージ三世陛下御名においてイギリス国旗を掲揚し、以後、本島を東インド会社の使用に供するものである」

ケダー王がペナン島占領に同意した理由は、ケダーの外敵への対応においてイギリスが援助を与えることを条件としたからである。当時、ケダーはタイの保護下にあったが、ケダーは独立しようという希望を持っており、もしタイから攻撃を受けた際にはイギリスの援助を求めようとしたのである。イギリス東インド会社はケダー保全に関して共同責任を負うことを約束して、ペナン島を占領したのである。ところが、イギリスはペナン島を占領すると、ケダー王に与えた確約を反古にしてしまった。

一七八七

天明七年

徳川家斉征夷大将軍に。

農民取締令。農村出稼禁止令。

イギリスがオーストラリアに囚人を送る

これ以前、イギリスは毎年千人もの囚人をアメリカ大陸に送り、地主のための労役に服させていたが、一七七五年にアメリカ植民地は独立戦争で本国に反抗し、ついにその目的を達したので、イギリスの獄舎には囚人で満ちあふれた。内相シドニー卿は王党派と図人をオーストラリアに送ることを決め、一七八七年、七五〇人の囚人をオーストラリアに送った。囚人護送の指揮官はアーサー・フィリップであった。

彼はシリアス、サプライの二艦、庫船二隻、運送船六隻で第一回の移民輸送船団を編成し、官吏とその家族、囚人、海員など合計一一〇〇人余りを率いて五月十二日イギリスを出帆した。

フィリップは非常に用意周到な人物で、二か年の食料のほか衣類、多数の建築用品、耕作用器具、先住民に与えるための南京玉やガラス、鏡などを調え、リオデジャネイロ、喜望峰に寄港した際には種子、苗木、穀物、家畜類まで積み込んだ。一行がボタニー湾に入ったのは、国を出てから八か月後の翌年一月十八日だった。

そこから彼は北上し、ポート・ジャックに錨を下ろし、一月二十六日に上陸した。数日後に上陸地点から六マイルの奥地に非常によい清水が湧き出ているのを見つけ、彼らをオーストラリアに派遣した内相兼殖民長官シドニー子爵の名をとって、その地をシドニーと名づけた。

フィリップは農耕第一主義者だった。オーストラリアに鉱山資源が埋蔵されていることは予知されていたが、彼はあえてそれを問題にしようとしなかった。

彼は本国に送った報告文書に「この大陸は鉄、錫、銀などを埋蔵しているようだが、今はそれら鉱山資源を云々する時期ではない。なぜならば現在、オーストラリアは投機心のない、真に大地に親しむ移民のみを絶対的に必要としているからである」と述べている。

第一回の移民船は羊、牛、兎などの家畜類を積み込んで行ったが、気候風土に恵まれている関係上、これら家畜類は非常な勢いで繁殖した。兎についてはあまりに繁殖しすぎて困ったという話もある。

一七九〇 寛政二年

蝦夷地統治の方針。

イギリスの第二回流刑移民千人がオーストラリアに入る

第一回の流刑移民がオーストラリアに到着してから二年後のこの年、第二回流刑移民千人がオーストラリアに到着した。これに続いて第三回、第四回と続々囚人を満載した移民船がジャクソン湾に錨を下ろした。オーストラリアは流刑移民地として発達し、現在も囚人の子孫が中核的な位置を占めている。オーストラリアで服役期間を過ぎた罪人にはそれぞれ土地が与えられ、渡航してきた兵卒は三年の兵役後、最初の十年は無税で、それ以後は八十余町歩につき一か年十円の地租という、ほとんど無料に等しい好条件で永住を奨励した。

オーストラリアでイギリスによる先住民虐殺

オーストラリアの先住民は世界最古の人種と言われるアボリジニ族である。この人種の文化が発達していなかったので、渡航してきたイギリスの囚人は「動物よりもいくらか進歩した動物である」とし、当局も射殺、毒殺、その他いずれの方法による制裁も一切構わないと公然と許した。一九四二年の現在になっても、アボリジニ族に対する一般オーストラリア人の態度は「動物を待遇するよりも冷酷である」と言われている。白人渡航時代までは、百万以上いたと思われるアボリジニ族は現在、およそ六万人ほどになり、オーストラリア全人口の一分にも満たない数に減少し、絶滅に瀕している。

一七九一 寛政三年

ペナン島に関してケダー王とイギリスが条約を締結

ケダー王はペナン島譲渡の第一目的であるイギリスによる武力援助に関する条項をま

一七九三

寛政五年

ロシア使節ラクスマン一行来日。

った く含まない条約に調印することを余儀なくされた。この条約には、単に「イギリス東インド会社は、ペナン島をイギリスが領有する限り、会社はケダー国王に対して毎年六〇〇〇ドル支払う」とだけ記されていたにすぎない。ケダー王は涙訴したが、イギリスが顧みることはなかった。

イギリスがマカートニーを北京に派遣

イギリス皇帝ジョージ三世は、中国の重い関税を緩和させる目的でマカートニーを北京に派遣した。彼は大勢の従者を従え、貴重な贈り物を持参した。マカートニーは厚遇されたが、天津から北京に向かう途中で、乾隆帝の前で叩頭の礼をするかどうか激論が交わされた。彼は、彼と同じ階級の中国行政官がジョージ三世の肖像の前で叩頭の礼をしない限り、この要求には応じにくいと厳しく断った。これで叩頭の礼は撤回され、ジョージ三世の前で行うのと同様に膝を屈するだけで中国皇帝に謁見することが許された。彼は熱河の離宮で二度謁見し、非常に厚遇されたが、従来どおり広東で貿易を行うことが許されたのみで、所期の目的を達することはできなかった。

中国でアヘン輸入量が激増

イギリス東インド会社はインドのアヘン専売権を獲得した一方で、これまでに中国から絹、茶などを輸入した巨額の支払いをしなければならなかった。雍正帝によってアヘン禁令が発布されたが、東インド会社はこの貿易関係を改善するため、中国に対し積極的にアヘンの輸出を図った。中国の官吏は禁令の存在を楯にとって多額の賄賂を貪り、あえて密貿易を咎めなかったので、中国におけるアヘンの輸入は毎年増加する一方だった。その主要な貿易地帯は南中国、福建から広東にいたる海岸地帯であった。

一七二九年には三〇〇箱に過ぎなかったアヘンの輸入高が一八一六年には三二一〇箱（一箱三十四ポンド入り）、三六五万ドルとなり、一八三七年には三〇七万箱、およそ二〇〇〇万ドルに激増した。したがって中国における銀の流出は非常に多く、銀塊の価値が著しく高騰し、従来の銀一両が銅銭七、八〇〇匁に過ぎなかったものが、一二〇〇～一三〇〇文に達し、なお高騰する気配を示した。

そこでアヘンの問題がようやく重大化し、愛国者を自認する者は意見書を書いてアヘンの弊害を説き、イギリスが中国の民衆にアヘンを吸飲させることは中国の財政を枯渇させ、民力を蝕んで植民地化しようとするものであると論じた。また許乃済のように、アヘンの輸入を公に許して重税を課し、官吏が賄賂をとる道を封じ、銀の流出を防ぐために物品によって支払うべきであると唱える者もいた。しかし、どの論者もアヘン吸飲が民衆に及ぼす弊害が大きい点は理解していたのである。

一七九五

寛政七年

近藤重蔵、長崎でオランダ・中国の様子を調査。

イギリスがマレー半島西岸のマラッカを奪取

マラッカは遠浅であることに加え、シンガポールに繁栄を奪われたため、当時はかなり寂れていたが、往年はインド洋からアジアへの入り口として栄えた。この地を掌握した国が、アジアにおいて覇を唱えていたのである。最初にマラッカを占領したのはポルトガルで（一五〇一年）、一四〇年後の一六四一年になってオランダが占領して以後オランダの統治下にあったが、イギリスがオランダの内紛に乗じてマラッカを攻略し、オルフェウス号のニューカム船長を指揮者としてこの地を奪取した。

一七九六
寛永八年

カメハメハ一世がハワイを統一

ハワイ諸島に住む民族はカナカ族である。この諸島に最も古く渡来したヨーロッパ人種はスペイン人サーヴェドラで、一五二八年のことである。その後、イギリスの大航海家ジェームズ・クックが渡来し、当時のイギリス海軍サンドウィッチ伯の名にちなんでサンドウィッチ島と名づけたが、アメリカの領有以後ハワイ諸島と改められた。クックの来航当時、島内は三国に分かれて互いに争っていたが、一七九五年、コハラの部族長より身を起こしたカメハメハ一世により全諸島は平定された。彼が父の後を継いで部族長となったのは二十三歳のときであったが、一戦は一戦ごとに勝ち、ついにオアフ島の部族長とヌアヌパリに会戦してこれに勝ち、全諸島を手中に収めた。ハワイ島のカイルアで八十二歳の高齢で永眠するまで統治に当たり、アメリカ人を顧問として各種の改革を行った。時代が下るにつれて、ハワイにはしだいに西欧の文明が侵入し、同時に王国内に入ってきたイギリス、フランス、アメリカなどの勢力が増大してハワイ王国はその圧迫に苦しみ出した。当時、諸島の産物だった白檀を乱伐したあとは財政的危機に直面し、アメリカその他の国々から財政的援助を受けたことが、外国勢力の台頭を一層大きくさせた。

中国でアヘン輸入禁止の勅令が発布される

アヘンの害が重大問題化すると、中国は勅令を公布して広東におけるアヘン貿易が違

一七九八

寛永十年

蝦夷地巡検。

択捉島に大日本の標柱を建てる。

一七九九

寛政十一年

幕府、近藤重蔵を蝦夷地へ派遣。

東蝦夷地を直轄。

一八〇〇

寛政十二年

法であることを宣言したが、実際には効果が上がらなかった。両広総督は公然とこれを黙認し、密輸は南中国一帯で盛んに行われ、中国官吏の多くはアヘン吸飲に耽った。

アメリカが初めて中国に領事を置く

オランダ東インド会社が解散

オランダ東インド会社はおよそ二百年にわたってジャワの搾取を続け、莫大な利益を上げたが、この種の独占会社に付きものの財政の乱れ、綱紀の弛緩などが顕著になり、かつイギリス・オランダ戦争によって通商航海の大打撃を受け、国内に政争が勃発して損失を拡大。ついに一億二千万ギルダーの負債を残してこの年に解散することになり、ジャワは直接的にオランダ政府の統治下に入った。

インド総督ウェルズリーがマーラタ人を征服

第五代目のインド総督となったウェリントン公アーサー・ウェルズリーは、インドの内乱に乗じて巧みにこれを利用し、ある者と同盟を結んだり、兵を動かしたりしてしだいに勢力を伸ばし、イギリスに最も激しい敵意を抱いていたマーラタ人を屈服させた。ウェルズリーは、ワーテルローの会戦でナポレオンを撃破した名将である。

イギリスがペナン対岸一帯の割譲を受ける

ペナン島長官ジョージ・レイスはケダー州政府に対し、ペナン島は海峡が狭く、在住する東インド会社社員が必要とする木材の供給を得ることができず、かつ家畜の飼育にも不便であるとの理由で、この島の対岸一帯の譲歩を求めた。ケダー王は再び自国が攻撃を受けた場合にイギリスが保護、防衛することを条件として応じることにした。しかしこの条約は、レイスがケダー王と取り交わした条約の中にはまったく記されていなかった。条約には「一、会社がペナン島および対岸一帯の土地を所有する限り、会社はケダー国王に対して毎年一万ドルを支払う。二、その金額支払いの代償として、ケダー国王は会社に対して前記ケダー本国国土の一部を領有させること」とだけ記されていた。

一八〇一　享和元年　近藤重蔵・山田鯉兵衛・高田屋嘉兵衛が択捉航路を開く。

再度、中国でアヘン輸入禁止の勅令が発布される

一八〇二　享和二年　伊能忠敬、蝦夷地へ。

マラッカが再びオランダに奪回される

イギリスが中国・厦門を攻撃

ナポレオン戦争の結果、ポルトガルはフランスの統治下に服したので、イギリスはポルトガルが勢力を張る厦門を攻撃した。

一八〇五　文化二年　アメリカ船が長崎入港。

イギリスがペナン対岸のウェルズリー州一帯を奪取

一八〇七　文化四年　清の冊封使が来琉。

イギリスがマラッカを再度奪取

イギリスが一七九五年、オランダから奪取したマラッカは一八〇一年オランダに奪い

一八〇八　文化五年

間宮林蔵、樺太を探検。

一八一〇　文化七年

返され、以後六年間オランダにより統治された。イギリス東インド会社は一八〇七年に再度奪い返したが、マラッカの将来に見切りをつけ、その行政委員会決議案をイギリス領東インド総督ミントー卿に提出した。当時、ミントー卿の秘書だったスタンフォード・ラッフルズはこれに反対し撤回させた。

イギリス艦が長崎を掠める

八月、ペリー提督率いるイギリス艦フェートン号がオランダ商船を捕獲する目的で突然長崎に入港し、欺いて二名を捕え、ほしいままに港内を横行してオランダ船の提供を求めた。当時唯一のヨーロッパ通商国であるオランダは、フランス革命の影響を受けて本国はフランスに合併され、植民地はイギリスに侵略されつつあった。イギリス艦はオランダ商船が来航していないことを知ると、長崎奉行松平康英を脅迫して薪・水・食料の提供を求めた。康英はその不遜な態度に憤り、イギリス艦の焼き討ちを企てたが、兵力不足でそれもできず、やむなく要望を容れてイギリス艦が出航すると、その夜自刃して国威を辱しめた罪を幕府に謝した。このため国民の対イギリス感情は非常に悪化した。鎖国後にイギリス船が日本の海岸に出没したのはこれが初めてではなく、軍艦はフェートン号が初めてだったが、捕鯨船はすでに寛政時代から近寄ってきており、文化、文政になるとしばしば上陸して薪・水を求め、あるいは海上で日本の商船を脅かした。

ジャワがイギリス領となる

オランダはナポレオンの配下となったので、一時ジャワにもフランスの国旗が翻った

一八一一　文化八年

が、ヨーロッパの戦争はアジアの植民地にも波及し、この年、インド総督ミントー卿に率いられたイギリス軍がジャワに殺到し、たちまちここを占領した。

イギリスのジャワ統治

一八一一年からイギリスの統治時代が始まり、ジャワ副総督（総督は空席）として赴任してきたのは有名なトーマス・スタンフォード・ラッフルズである。ジャワにおける彼の統治はわずか四年に過ぎなかったが、治政には大いに見るべきものがあった。ところがロンドン協定によって、ジャワをオランダに還付することに決定したので、一八一六年八月十九日以来、再びオランダ統治が開始された。

一八一三　文化十年

イギリスが再び中国・厦門を攻撃

この年、イギリス艦は再び中国の領土である厦門を攻撃したが、これを奪取するには至らなかった。

イギリス東インド会社がインド貿易の独占権を失う

イギリス東インド会社は二十年ごとにインド貿易独占に関する特許状を得てきたが、この年の改正でイギリス東インド会社はインド貿易の独占権を喪失した。

一八一四　文化十一年

マースデンがニュージーランドに渡航

ニュージーランドはクックの探検後、しばらくの間は訪れる者も稀だったが、その後、イギリスはニュージーランドを流刑植民地とし、重罪人を送り込んだ。獰猛で荒々しいと言われるマオリ族もはじめのうちは白人を珍しがり、むしろ彼らを歓迎する様子さえあったが、イギリス人来訪の目的が彼らの父祖伝来の土地を奪い、彼らを労働者のように使役して支配することだとわかると、極端に反感を抱くようになり、各地で殺害事件が頻発してイギリス人の植民地政策は用意に実を結ばなかった。そこで一八一四年、イギリス人サミュエル・マースデンは親友がニュー・サウス・ウェールズ州知事のキングだったことから、了解と援助を得て二人の宣教師と若干の労働者を伴い、多くの家畜を乗せてシドニーから渡航した。これは、イギリス人がマオリ族を宗教によって懐柔しようとした最初である。

ラッフルズが乗船するイギリス船が長崎に入港。

一八一六

文化十三年

イギリス船が琉球に来港。

イギリス使節アマーストが北京に入る

イギリス軍艦の厦門攻撃は、中国の対英感情を著しく悪化させた。したがって、広東においてイギリス商人と中国官吏との間には紛争が絶えなかったので、イギリスはマカートニーが作った条約を更新し、安全に貿易を行うためウィリアム・アマーストを派遣することにした。一八一六年に到着したアマーストはマカートニーと同じ問題、すなわち叩頭の礼を行うかどうかの問題に直面したが、彼はマカートニーと同様の態度を堅持した。アマーストは天津から通州まで和侯の保護を受け、同地においてただちに北京に入るべきであるとの皇帝の命を受け、北京近郊の夏宮にある円明園で謁見することになった。午後五時、騎馬行列は夜を徹して行進し、明け方に北京に到着した。皇帝は常例となっている朝見の時間に彼を謁見する予定であった。ところが、アマーストは疲労しており、また礼服を入れた荷物が到着していなかったので謁見の延期を願った。皇帝はこれを非礼であると怒り、厳酷な命令によって謁見しないままアマーストを通州に還し、さらに広東に追いやった。こうしてアマーストは使命を達することができなかった。

一八一八　文政元年

イギリスがマラッカをオランダに返還

ナポレオン失脚後、ヨーロッパ列国はウィーンに集まり戦後の処理問題を決定し、マラッカはイギリスからオランダに返還されることになり、三度マラッカはオランダ領となった。

一八一九　文政二年

イギリスがマレー半島、ペラ州産の錫独占権をオランダに代わって占守

イギリスがシンガポールをジョホール王に割譲させる

一八一八年三月、ベンクーレンを副総督としてシンガポールに入ったラッフルズは、四月に早くも本国イギリス政府に申し出て、イギリスが失ったマラッカに釣り合う新植民地を建設しなければならないと主張。またカルカッタに赴いて同地の最高権力者を説得し、マレー半島におけるオランダの勢力を阻止し、イギリスの貿易を発展させるための絶好の足場となる港をマラッカ海峡のどこかに選定する権限を与えられて再びベンクーレンに戻った。マラッカがオランダに返還されることになったからである。カルカッタ政府は、マレー半島の事情に精通しているウィリアム・ファーカーがラッフルズの助

徒党禁止令。

手として働くことは大いに有用であろうと考えたので、大佐に書状を送って出発を延期させ、ラッフルズの指揮に従って新しい基地を求めさせることにした。こうしてラッフルズ、ファーカーの一行はスマトラ東岸のシヤク、カムリンなどを訪ねたが、いずれもその目的に叶わないのでジョホールに向かい、マレー半島の突端にある一島に上陸した。この島がシンガポールで、ラッフルズが欲するあらゆる条件を満たしていた。

当時、シンガポール島はほとんど住民がおらず荒れ果てていたが、島の部族長はジョホール王配下のダト・トモンゴンという者だった。ラッフルズは一八一九年一月三十日、この部族長とシンガポール島割譲についての仮取り決めを行った。当時、ジョホール国内には内紛があり、ジョホール王国は正当な後継者であるタンク・ハッサン（別名タンク・ロング）は国を逃れてリオ島に住み、次子がオランダ後援のもとに王位についていた。ラッフルズはオランダの勢力下に置いては事がうまく運ばないと感じ、人を派遣してリオ島からハッサンをシンガポールに迎え、ただちにジョホール王位継承を宣布させた。

ラッフルズは東インド会社の代表としてすぐにこの新王の主権を承認し、一八一九年二月六日、イギリス東インド会社とジョホール王との間にシンガポールにイギリス植民地を建設する条約が締結された。ジョホール側は新王ハッサン、部族長ダト・トモンゴン、会社側はラッフルズが条約に調印した。なおシンガポールは一八二〇年頃、スマトラ島のパレンバン王国のサン・ニラ・ウタマ王がパレンバンから海を渡ってここに来て、シンガ・ブラウ町を造った。その名はサンスクリット語のシングハ（獅子）とブラ（島）の二字からきたものとされる。それは外海から見た島の形が獅子に似ているから

一八二〇　文政三年

長崎奉行、輸出銅の増額を認める。

鹿児島藩、琉球で唐物方抜荷取締。


だという説と獅子のような大王に治められる町だという説をなすものである。

シンガポール市の公式紋章は獅子樹の下に獅子を表している。その後、シンガ・ブラウは何度も戦火にさらされたが、結局五人の部族長によって交代で統治されることになり、パレンバン王国に隷属しながらも南中国と経済上密接な関係を保ってかなりにぎやかな海港として知られた。しかし、東部ジャワのマジャパイト王国はパレンバン王朝を衰退させてシンガポールに攻め入り、殺戮をほしいままにした。これによってシンガ・ブラウはまったく荒廃してしまい、スタンフォード・ラッフルズが登場するまでまったくの無法地帯となってしまったのである。

ラッフルズは、上陸当時のシンガポールについて、「海岸一帯は散乱した骨片や髑髏で覆われ、あるいはすでに白骨となってしばらく風雨に晒されたもの、またはまだ生々しい血肉にまみれたものもあり、長い頭髪もそのままに残り、歯牙が残っているもの、またはこれが欠けているものなど、凄惨さは見るに忍びず、足の踏み場もなかった」と述べている。これはシンガポールが海賊の巣窟と化していたので、陸上に拉致されて非業の最期を遂げた犠牲者であろう。

西部ニューギニアのオランダ領宣言

ヨーロッパ人のニューギニア渡航はかなり古くからあったが、先住民は獰猛で首刈りの悪習を持っており、伝染病（熱病）も起きやすい風土であり、人類の住居には適さず、数百年間まったく顧みられなかったが、一八二〇年にオランダは列国の進出に脅かされ、ニューギニアを自国領であると宣言した。

一八二一

文政四年

幕府、東西蝦夷地を松前藩に還附。

伊能忠敬の実測図完成。

ニュージーランドでマオリ戦争が続く

イギリスはマオリ族が力強く、容易に服従しないのを知ると、彼らが好戦的な民族であることを逆用し、諸部族長を教唆して互いに戦わせた。このため、同族相食む残虐な戦争がじつに七年も続き、マオリ族の勢力は非常に減少した。マオリ族はイギリスの術中にはまりつつあることも知らずに、勇敢に戦ったのである。

一八二三

文政六年

ジャワ戦争勃発

オランダがイギリスにひとたまりもなく屈服したのを見たジャワの先住民は、オランダの実力に疑惑を抱き、圧迫から逃れようとする気配がしだいに濃厚になった。総督ヴァン・デン・カペレンは武力によってこれを押さえつけようとしたが、かえって悪い結果を招いた。一八二三年、反乱軍の頭目であるバンゲラン・ジポ・ネゴロはオランダ政府に宣戦を布告し、ジャワ戦争が起こった。

こうして反乱はしだいに大規模となり、中部ジャワを席巻し一時は大いに勢力を振るったが、一八三〇年になってようやく鎮圧された。この年の三月二十八日、反乱軍の首領ネゴロはオランダの将軍デ・コックとケヴウ州の首都マゲランで講和条約の談判に入ったが、両者の意見が一致しないで紛糾している時、デ・コックの一味は油断したネゴロの手兵の武装を解除し、ネゴロを捕虜とした。ネゴロはセレベスのメナドに流刑にされた。その後、ネゴロはカワサに移され、厳重な監視下で死亡した。

一八二四

文政七年

第一次ビルマ戦争勃発

イギリス船、薩摩宝島上陸発砲事件。
文政八年、異国船打払令。

ボダウパヤ王の統治時代、ビルマ軍はベンガル湾の東南部でイギリス軍と衝突した。イギリスのインド総督はラングーンに駐在官を派遣して談判しようとしたが、次に王位を継承したバキダウの時代にも解決できなかった。ところが、ビルマの保護下にあったアラカン地方に暴動が起こったので、ビルマ王バキダウはマハ・バンドゥーラを総指揮官に任命。しかし、イギリスはアッサム地方がイギリスの保護下にあることを主張し、その商業権を保護する名目でインド総督アマーストは兵をビルマに進めた。マハ・バンドゥーラはアラカンで暴動鎮圧中だったが、強行軍によってデルタ地方に到着し、イギリス軍と戦った。彼はダニュービューで激戦を交え、勇敢に奮闘したが、優秀な武装と訓練を誇るイギリス軍にはかなわず、ついに敗退した。

イギリス・オランダ条約によりベンクーレンがオランダ領となる

一六八六年、イギリスはスマトラのベンクーレンに商館を設け、ここを中心として西海岸地方で勢力を振るった。しかし一八二四年の英蘭条約によってイギリスはスマトラの植民地を放棄し、マレー半島方面に進出することを決定したので、ベンクーレンはオランダ領となった。

マラッカがイギリス領となる

イギリスはいったんマラッカをオランダに返還したが、この年ロンドンで結ばれた条約によって、イギリスはベンクーレンの植民地をオランダに返還し、その代償としてマラッカをイギリスに譲った。すなわちイギリスはマレー半島に根拠を置き、オランダはマレー諸島に勢力を占めることで、両国の支配関係が最終的に決定されたのである。

イギリス・ビルマの平和条約が成立

イギリス軍との戦闘において形勢の不利を知ったバキダウ王は和を講じ、この年の二月、ヤンダオで休戦条約が締結された。その結果、ビルマはイギリスにアラカン、テナセリム、アッサム、カタ、ジャインチア・モニプールの諸地方を割譲し、英貨百万ポンドの賠償金を支払った。イギリスはテナセリムを得て南方航路を確保し、錫、ウラニウム鉱などの鉱物産地、米産地の支配権を掌握し、アラカン、モニプールを得てビルマの非独占領地域を西から南へ完全に包囲することとなった。

一八二六

文政九年

イギリスのブロッサム号が小笠原諸島を探検。

イギリス・ビルマの通商条約が成立

この年の十一月、イギリスはビルマの首都アヴァで通商条約を締結した。

イギリスがパンコール島およびスンビラン島をペラ州より奪取

イギリスはペラ州沿岸の海賊を討伐した代償としてペラのサルタンにローワー・ペラの海岸要地ディンディング（マンジュン）およびパンコール島、スンビラン島を奪取した。この時からイギリスは、ペラ州を実質的に保護下に置いた。

シンガポール、ペナン、マラッカ、イギリス合併植民地議会総督所属となる

一八二九
文政十二年

シンガポールの関税が撤廃され自由港となる

シンガポールを急速に発展させるためには、ここを自由港としておくべきであるというのが建設者ラッフルズの意見だったが、この年一切の関税を撤廃して自由港とすることに決定した。

全オーストラリアがイギリス領となる

オーストラリアの開発は当初、現在のニュー・サウス・ウェールズ州を中心に行われたが、その後、探検と植民が発展し、一八二五年にはゴードン・ブレーマーが西部を併合、一八二九年にはフリーマントル船長がスワン河の領有を宣言したことから、全オーストラリアはイギリス領となった。

一八三〇
天保元年

イギリスがビルマ北部アヴァに駐在官を置く

オランダ政府が強制栽培制度によりジャワでの搾取を強化

一八三〇年、ジャワ総督に就任したファン・デン・ボッシュは本国の財政窮乏を打開し、ジャワの産業を盛んにするために強制栽培制度を組織した。ボッシュは、東インド特産であり、外貨獲得に有利な輸出品として、砂糖、茶、藍、香料などを強制的に先住民に栽培させ、その収穫の五分の一、または一年間に六十六日の賦役を課し、ほとんど無償に等しい代価で提供させたのである。この制度はじつに苛烈きわまる搾取制度で、開始した一八三〇年から廃止した一八七〇年までの四十年間で、オランダが搾り取った備前岡山の神力丸がバターン諸島に漂着。

金額は八億ギルダー以上に達した。先住民はこのために非常に疲弊し、飢餓に苦しみ、怨念の声が巷に満ちていた。オランダ人といえども見識ある人々は先住民の境遇に同情を寄せる者が少なくなかった。中でもドーウェス・デッカーはムルタトゥーリの筆名で強制栽培制度の暴露小説「マックス・ハフェラール　オランダ貿易会社のコーヒー競争」を著した。これはアメリカにおいてストーの「アンクル・トムズ・キャビン」が果たしたのと同じ役割を果たし、オランダ国内に轟々たる非難の声を巻き起こし、ついに一八七〇年、強制栽培制度は廃止されることになったのである。

一八三一　天保二年

イギリスがニュージーランドに駐在官を置く

マースデンの懐柔政策も、はじめのうちは容易には効果が現れなかった。それほどイギリス人の略奪は狡猾だったのである。マオリ族の反感はいよいよ根強いものとなった。イギリス政府は事態が悪化するのを防ぐため、一八三一年、一人の駐在官を置いた。

一八三三　天保四年

イギリス政府がナピールを中国に派遣

インドの特産品であるアヘンの対中国輸出は増加する一方で、インドの重要な財源となっていた。しかし中国のアヘン禁輸が本格的になったので、その輸出量を安定させるためと、産業革命の結果生み出された大量の商品を中国に輸出するために、イギリス政府は一八三三年にウィリアム・ジョン・ナピール卿を広東に派遣した。ナピール卿は本国政府から次のような訓令を受けていた。

一八三五　天保六年

天保の大飢饉。七年まで続く。

「貴下の広東着任の通知を文書によって知らせるように。広東貿易の援助、保護、さらに中国領土の他の地帯との貿易を拡張することは貴下の重要な目的のひとつである。この目的を達成する手段は明らかである。中国政府との直接貿易を確立しなければならない」

訓令を受けたナピール卿はロバート・モリソンら当時第一流の中国通を集め、強硬な態度で貿易を行おうとしたが、両広総督盧坤の兵力に圧迫され、心痛のあまり健康を害し、やむなく厦門に退いて帰国の訓令を待つうち、翌年十月十一日、厦門で病死した。

イギリス、東インド会社の中国貿易の独占権も失う

それまでイギリス東インド会社は中国貿易の独占権を所有していたが、この年、中国貿易の独占権をも削られた。

ニュージーランドで、バズビーが連合制度を組織

ニュージーランド先住民のマオリ族とイギリス人植民者との利害の衝突は深刻化し、各地の惨劇は停止することを知らない有様だった。「イギリス人および先住民双方の利益を擁護する」ことを名目として、時の駐在官ジェームズ・バズビーは、北島の全部族長を集めて「ニュージーランド合衆種属」という法律制定の権力を有する連合制度を組織した。さらに、これに南島の部族長も加え、イギリス王をその保護者とする旨を内約し、イギリス政府に要請した。ところが、イギリス政府は当時カナダ、南アフリカの植民地における人種問題に悩まされている最中だったので、この要請を拒絶した。

一八三六

天保六年

ロシア船が択捉島に来航。

一八三七

天保七年

アメリカ船モリソン号来航。

大塩平八郎の乱。

一八三八

天保九年

イギリスが政庁所在地をペナン島からシンガポールに移す

エリオットが中国に到着

ナピールの死後、チャールズ・エリオットが広東通商の主務監督として派遣されたが、彼もまたナピールと同様に中国側の強硬な態度に直面して、任務を果たすことができずに厦門に退かざるをえなくなった。

ウェイクフィールドがニュージーランド協会を組織

エドワード・ウェイクフィールドは以前から強硬な植民地政策の樹立を念願していた。彼は政府の不干渉主義を転覆しようと企図し、一八三七年にニュージーランド協会を組織し、イギリス東インド会社の例に倣って行政権を獲得しようとしたが、イギリス政府はこれを了解しなかった。

ビルマがイギリス人に重税を課す

第一次ビルマ戦争のあと、ビルマ人のイギリスおよびイギリス人への反抗はしだいに強まり、そのためイギリスに屈服したバキダウ王は退かされ、一八三七年にタラワディが王位に就くと、イギリスとの条約を履行せず、イギリス人に重税を課した。

オランダがインドネシアでパドリスの乱を鎮圧

スマトラ中部のミナンカバウ地方にパドリスという熱気にあふれた一団があり、その勢力は非常に強く、部族長に対して宗教戦争を挑み、一八二〇年頃にはパダン高原を占領した。オランダはミナンカバウ族長を援助してパドリス戦争のあと一八三八年に一味の首領を捕え、セレベスのメナドに流刑にした。これにより、さすがのパドリスの活動も完全に押さえられた。

一八三九

天保十年
蛮社の獄。

ウェイクフィールドがニュージーランド会社を創設

ニュージーランド協会の行政権獲得が失敗すると、ウェイクフィールドはニュージーランド会社を組織して直接移民を募集し、ニュージーランドの開発をめざした。この会社は一八三九年に北島の南端と南島の北端とを中心として全島のおよそ三分の一に相当する二千万エーカーの土地を八万円前後で買収した。彼はその代価を現金で支払わず、マオリ族が喜ぶ銃砲火薬その他の諸道具、物品を提供した。マオリ族の諸部族長は銃器、火薬の入手を切実に希望していたので、これにつられて会社と取り引きした契約書がどんなものであるかも知らずに調印したのである。こうして会社は詐欺に等しい手段で入手した土地に富くじをつけて発売し、多数の移民を本国から送った。

マオリ族は、自分たちの土地がニュージーランド会社の所有地となっていることを知らなかったので、新移民に対して極度の反感を抱くことになり。両者の対立はいよいよ激烈となった。

林則徐が広東のアヘンを焼却

欽左大臣（特設大官）に任じられた林則徐は、全権を授けられてアヘン貿易を禁ずる目的で一八三九年三月、広東に到着した。林則徐はアヘンこそ中国人を退廃させるものであると確信していたので、どうしてもこの輸入を厳禁しなければならないとして、着々とアヘンの処置を命じた。

林則徐が広東に到着して間もなく、イギリスの通商監督チャールズ・エリオットはアヘン輸入の契約を結ぶ目的で厦門から広東に戻ってきた。ところが林則徐は自国と外国とのあらゆる貿易を遮断し、外国船舶が停泊地を出航することを妨害する処置をとったので、エリオットをはじめ全外国人は広東郊外の商館に閉じ込められた。

林則徐は外国商人が所有するアヘンはすべて禁制品であるので、中国側に引き渡すべきであり、今後アヘンを輸入しないことを誓うように外国商人に要求した。

この要求に従って、二万二九一個のアヘンが中国側に引き渡され、その全部が焼却された。

イギリス人水夫が広東で中国人を殺害

数人の外国人水夫は中国側のアヘン没収と焼却に憤慨し、その作業を妨害し、一人の中国人を殺害した。欽左大臣林則徐はイギリス人の殺人容疑者を中国側に引き渡すように通商監督エリオットに要求した。

エリオットは、「海岸に入ることを許可されている水夫は複数にわたる国籍を持っているのだから暴動に参加した犯人を発見することは不可能である」と抗議した。そこで林則徐は殺人犯の引き渡しに十日間の猶予を与え、もし期日内に引き渡さなければイギリス商業地を襲撃するだろうとイギリスに最後通牒を突きつけた。やむなく商館に住む外国人は澳門に避難した。
欽左大臣林則徐の要求は中国の立場からすれば当然であった。中国にいるすべての外国人は、その司法権のもとに従うべきであると主張していたからである。事態は重大化し、衝突は避け難く、非常に緊迫した状況となった。二隻のイギリス船が広東港外の虎門に到着し、多数の中国ジャンクを破壊し、沈没させた。

ワイクス探検隊が南太平洋サモア諸島に到着

この時代、捕鯨場としての太平洋がようやく重視され、アメリカの捕鯨船で太平洋の島に入港する者が多かったので、アメリカ海軍省はチャールズ・ワイクスを南太平洋に派遣し、アメリカ船員の権利を保護し、アメリカ国旗の威力を示す目的を遂げさせた。その折、ウポル島でアメリカの捕鯨業者が現地で事件を起こしたが、ワイクスは巧妙にそれを処理して先住民の部族長を心服させ、島を精密に測量して帰国した。

イギリスがニュージーランドをオーストラリアの属領とする

この時代までは、イギリスはまだニュージーランドがイギリス領であることを明言していなかったが、フランスがこの島に囚人を送ろうと計画していることを知り、この年、ニュージーランド全土をイギリス領とし、オーストラリアのニュー・サウス・ウェールズ州の一属領とすると宣言し、ホブリン副総督を派遣した。

一八四〇

天保十一年

幕府が売薬看板などオランダ文字の使用を禁止。

幕府が諸物価を引き下げ標準価格を定める。

アヘン戦争勃発

平和的手段によってアヘンの輸出を図ることが不可能であると知ると、イギリスは武力によってこれを強行しようと決意し、一八四〇年の春、一切の準備を整えて中国海岸に陸海軍を派遣した。イギリスが中国に派遣した軽艇の中には数隻の鉄製小軽貨物汽船があったが、これらの船は喫水線が浅かったので、広東付近のクリーク戦には非常に有効だった。中でもネメーシス号が最も名高かった。六月二十八日、サー・ジョン・ゴードン・ブレーマー提督は広東河閉鎖を宣言した。イギリスが主張する戦争遂行の目的は、イギリス人貿易業者への侮辱に対する償いをすること、イギリス商人所有のアヘンに対して損害賠償を強請すること、中国在住イギリス人の保護を行うことだった。

アヘン戦争の経過

ブレーマー提督が広東河閉鎖を宣言した二、三日後に、イギリス艦隊の指揮権は海軍少将ジョージ・エリオットによって引き継がれた。彼はチャールズ・エリオットと連合して事に当たることになったのである。イギリスは広東以外の地点を通じて中国と交渉を進める計画を進め、急遽一隻の軍艦を厦門に派遣したが、中国の地方官吏はイギリス将校の書状を受領することを拒否し、海岸に誘い出して攻撃を加えた。イギリス軍艦は中国の砲台や中国側の戦争用ジャンクに報復攻撃を加えて香港に帰った。これと同時にイギリス艦隊は、定海および寧波沖の舟山列島の一島を攻撃することに成功した。これでイギリス政府は寧波を経て北京当局に書状を送る計画を企てたが、これも失敗した。これこうしてイギリス艦隊は抗州湾と揚子江河口を閉鎖し、また数隻の艦隊は北航して白河口を封鎖した。白河の封鎖は北京がイギリスの襲撃範囲内に入ったところから、中国当局は極度に狼狽し、琦善を派遣してイギリス政府の書状を受け取らせた。

琦善は広東で交渉を開始することを約束してイギリスの軍艦を撤退させた。一方、広東の欽左大臣林則徐は広東要塞の強化と広東市の防備を進めてイギリス軍の襲撃に備えた。ところが厦門付近にあった中国軍は少数のイギリス軍に敗れたので、林則徐は北京に召喚され、彼に代わって琦善が欽左大臣に任ぜられた。ジョージ・エリオットは病気になったので、チャールズ・エリオットがこれに代わった。中国側が交渉に入る前に約束していた条約締結を実行しようとしないので、チャールズ・エリオットとともに連合権大使に就任していたサー・ゴードン・ブレーマーは、ついに広東河外側の要塞を攻撃した。ところが、中国側は休戦を願い出たので、琦善とエリオットは会見し、香港をイギリスに譲渡すること、清朝は六百万ドルの損害補償を支払うこと、貿易を十日以内に復活させることなどを約束し、この条項をただちに北京に伝えた。清朝はこの平和条項を屈辱と受け止め、激怒して却下し、琦善の職を免じて再び戦争を行うため、中国軍に命令して広東、舟山列島に進撃させた。

そこでブレーマーは広東河口の虎門要塞を再び攻撃した。中国軍は広東の咽元を押さえられて窮地に陥り、広東の防備を強化するため休戦を提議して広東付近に軍隊を集結し始めた。五月二十一日、中国軍の一部隊は停泊中のイギリス船を駆逐する目的で、火のついた筏を渡した。この計画は失敗し、若干の筏は座礁して海岸の村落の小屋に火災を起こさせた。イギリスは内側の要塞を攻略し、中国のジャンクの一隊を撃破して報復し、中国軍は広東郊外のイギリス商館の破壊、略奪を行った。商館の破壊はイギリス琉球北谷間切沖でイギリス東インド会社のインディアン＝オーク号が座礁。

軍として広東攻撃を決意させる結果となり、五月二十六日、イギリス軍は市の近くの高地を占領し、まさに市に突入しようとする直前、休戦が成立し、およそ四万五千の中国軍は広東市を引き渡すこと、中国当局は八百万ドルの賠償金を支払うことなどの協定が成立した。

しかし、この協定にはイギリス・中国両政府ともに不満だったので、協定のイギリス側責任者チャールズ・エリオットは解職され、サー・ヘンリー・ポティンジャーが全権大使に任ぜられ、サー・ウィリアム・パーカーがイギリス艦隊指揮官に就任した。

ポティンジャーが本国政府から受けた訓令は、清朝政府と直接交渉し、一切地方当局と交渉してはならないということであった。そこで彼は中国に到着すると、戦争を北方に進展させることを決意し、厦門、沈海、寧波、乍浦、呉淞、上海などを続けざまに占領した。

呉淞における中国軍は勇敢に抗戦したが、中国側の戦い方は旧式で、武器も劣悪であったことから、ついに撃破された。イギリス艦隊は揚子江を遡って、大運河と揚子江の接続点にある鎮江を撃破した。満州人屯営兵は勇敢に防戦したが、数度の激戦ののち中国側は多数の死傷者を出し、鎮江もまたイギリス軍の手に落ちた。イギリス軍が鎮江を占領したことは、揚子江と大運河を経て北京に租税の糧食を運ぶ道を阻害され、中国の生命線を脅かす結果となったので、中国はついに戦争中止を乞わざるをえなくなった。これにより中国は伊里布、耆英の二名を平和使節としてポティンジャーと平和条約を締結することとなった。

一八四一

天保十二年

中浜万次郎が漂流。アメリカ捕鯨船に救助される。

天保の改革。

ニュージーランドでワイタンギ条約成立

副総督としてニュージーランドに赴任したホブリンは先住宣教師の手を経てポヴァティ湾付近のワイタンギに諸部族長を集め、二日間討議したあと、彼らとの間に一つの契約を締結した。これが有名なワイタンギ条約で、これに署名した部族長は五十二名を数えた。

条約の内容は、一、マオリ人はイギリス女王の主権を認めること、二、イギリスはマオリ人の所有地を保証すること、三、マオリ人に対しイギリス臣民である一切の権利と特権を与え軍事上の保護をすること、などであった。

ニュージーランドが独立植民地となる

ニュージーランドはオーストラリアの属領から脱して独立のイギリス植民地となり、首府を北島のオークランドに設けた。

カメハメハ三世、ハワイ王国独立の承認をアメリカに求める

外国勢力の圧迫に耐えかねたハワイ王カメハメハ三世は、イギリスおよびフランスと国際紛争を生じさせる事件が相次いで起こり、一八四二年、独立国の承認をアメリカに求めた。アメリカはただちにこれに応じ、翌年、英仏両国もハワイ王国の独立を承認した。アメリカが先んじて独立を承認したことにより、アメリカのハワイにおける勢力は英仏を凌ぐことになった。

一八四二　天保十三年

南京条約締結

中国とイギリスとの間に結ばれた条約はこの南京条約である。これは一八四二年八月二十九日、イギリス軍艦コーンウォリス号上で締結された。その主な条項は次のようなものである。

一、両国間の平和は永遠であること。
二、広東、厦門、福州、寧波、上海を貿易港として、外国貿易のために開放すること。
三、香港島をイギリスに割譲すること。
四〜七、中国は賠償金二千百万ドルをイギリスに支払うこと。その内訳はアヘン焼却の代償として六百万ドル、イギリス臣民の所有物破壊に対する責務として二、三百万ドル、戦費として千二百万ドルである。
八、イギリス人捕虜全員を釈放すること。
九、中国は、イギリス軍を救助していた朝廷の家臣全員をとくに大赦すること。
十、輸出入に関して公平な関税を定めること。
十一、公の取引は平等に行うこと。
十二、イギリス軍占領地帯は、賠償金を支払うとともに軍を撤退すること。

こうして香港島はイギリス領となったのである。

一八四三　天保十四年

唐物抜荷取締令。

南京条約追加条約が成立

中国はイギリスに対し、関税の税則表を固定すること、最恵国条款の待遇をすること、治外法権を許可することを規定した追加条約がポティンジャーと耆英の間で締結さ

一八四四

弘化元年

オランダ人外事を上言。

町人の武芸稽古禁止。

浪人取締令。

農民による商売の禁止。

れた。イギリスは治外法権の獲得によって中国人に対してどのような犯罪行為を行い被告となっても、自国の法律に従って裁判され、中国人との訴訟問題ではイギリス領事の援助を受けることができるようになった。治外法権は、中国の独立権を侵害するものとして、心ある中国人を憤慨させ、その後の排英運動の大きな原因となった。

望厦条約締結

南京条約が締結された二年後の一八四四年七月三日、厦門付近の黄夏（望厦村）において、アメリカ代表ケイレブ・カッシングは「アメリカのため広東、厦門、福州、寧波、上海を貿易港として開くこと、貿易を行うこと、治外法権を認めること」を規定した条約を中国政府との間に締結した。アヘン戦争に際して、アメリカはイギリスから参加を勧誘されたが、これを拒絶し、厳正中立を守ったので中国からの好意を勝ち得た。

一八四五

弘化二年

アメリカ捕鯨船、安房に来航。

イギリス船琉球に開国貿易要請。

幕府、オランダの開国勧告をことわる。

米海軍士官ビドル長崎に来航

アメリカはアヘン戦争の直後に中国と通商条約を結んで以来、アジア貿易を盛んに行うようになった。そのため商船の航路の中間に石炭の貯蔵所を設け、かつ太平洋方面に出動した捕鯨船の避難所となり、薪炭食料の供給を行う場所を求める必要があった。こうしてアメリカ政府は一八四五年、提督ジェームズ・ビドルを長崎に派遣したが、幕府はビドルの要求を拒絶した。

ニュージーランドでイギリス人によるマオリ族虐殺が続く

アメリカ漁民、択捉島に漂着。

フランス、セシル提督が琉球に開国交易を要求。

アメリカ軍艦が遠州沖に来航。

マオリ族の反英熱はその後もますます深刻化したので、イギリスは尋常の手段ではマオリ族を同化しにくいと知り、続々と兵を送ってマオリ族の討伐を開始した。好戦的で勇ましい民族だけにマオリ族はじつによく戦い、殺害されても殺害されてもなお戦意を捨てず、イギリス人とマオリ族との戦いは三十年も続いた。この長期戦によって、白人が来るまでは数十万を数えたマオリ族も、十分の一にも足りない四万人に減少し、ほとんど絶滅に瀕し、ついに刀折れ矢尽きてイギリスの膝下に屈した。

一八四六　弘化三年

イギリスがボルネオ北ラブアン島をブルネイ王に割譲させる

一八四七　弘化四年

耆英・デイヴィス協定成立

南京条約の締結に対して、最も猛烈に反対の気勢を見せたのは広東付近の民衆だった。南京条約が締結されてまだ三か月もたたないうちに、集落の所々には民衆の反英熱を煽り立てるビラが貼られ、計画的にイギリス人の工場を襲撃してその建物を焼失させた。彼らはまたイギリス人の広東居住を認める条約の実行には反対し、もしイギリス側があえてこれを実行しようとするならば、これらをすべて追放すると声を上げた。たまたま一八四七年に広東付近の仏山でイギリス人七名が一人の中国人に襲われ、かろうじて難を逃れる事件が起きた。イギリス外相パーマストンはヘンリー・ポティンジャーの後任として香港総督となったジョン・デイヴィスに対して、暴動を徹底的に鎮圧し、条約を実行するよう訓令を発した。これでイギリス陸海軍は暴動の現地に赴いて強圧手段を執ることになり、ただちに虎門砲台を落としいれ、広東城の周辺にある堅固な防御陣

一八四八

嘉永元年

アメリカ捕鯨船が西蝦夷に漂着。

フランス船が琉球那覇に来航し、宣教師ル＝テュルドゥを伴って出航。

地を奪取した。耆英は事態が容易ならざることに驚き、デイヴィスと談判して今後このような紛争が起こらないようにすること、またイギリス人の広東自由住居をさらに二年延長することの保障を条件として和を結んだ。この条約締結後、数か月たたないうちに六名のイギリス人が公正墟で中国人の暴徒に捕えられて殺害された。耆英はただちに犯人を捕縛して斬首したので、しばらくは両国の軋轢が緩和された感があった。

ダルフージー伯ラムゼイがインド総督となる

ダルフージー伯ジェームズ・ラムゼイは、インド総督となるとともに非常に積極的な政策を進め、シク教徒を服従させてパンジャブを領有し、ビルマのペグを併合し、内治に対してもイギリス化を目論み、風俗を改善し、道路を修理し、運河や鉄道を開通させ、郵便電信などの設備を整え、その他軍事、教育、財政、司法などにわたる改革を行ったが、あまりにインド固有の文化を無視したものだったので、住民の反感を買った。とくにキリスト教の普及に対して自国宗教の滅亡を憂え、イギリスの激しい侵略に対して土地の諸王には旧領地の回復を望む者がしだいに増加した。

イギリス艦呉淞を封鎖

南京条約によって開港された五港のうち、平和に貿易を行ったのは上海のみだった。同地で中国民衆の外国人に対する態度は平和的だったが、一四八四年に青浦で大暴動が起こり、たまたま同地を訪れたイギリス人宣教師は政府米を積載したジャンク船乗組員の荷揚げ労働者に襲われ命の危険にさらされた。上海イギリス領事ラザフォード・オールコックは中国政府に賠償を迫ったが、中国はこれに応じなかった。そこでオールコックはイギリス軍艦の指揮官に呉淞を封鎖し、租税の米を運ぶ船の北京運輸と軍用ジャンクの逃亡を妨害するように命じた。イギリス艦ティルダー号艦長は呉淞のジャンク一四〇〇隻を抑留し、上海道台に圧力をかけ、同時にイギリス副領事はイギリス艦エスピーグル号に搭乗して南京に赴き、両広総督に会見して犯人の処罰を要求した。中国側はイギリスの強硬な姿勢に狼狽し、イギリスの要求に応じて犯人を捕えて処罰した。

一八五〇年、中国で、太平天国の乱がおこる。洪秀全を天王とするキリスト教系組織太平天国によっておこされた。太平天国は新国家を主張した。弁髪を禁じたことから長髪賊とも呼ばれる。

スコットランド会社がニュージーランド南島に移民を送る

ニュージーランド南島に住むマオリ族の住民は、北島の住民のように猛烈な反英熱に燃えておらず、その数も少なかったので移民にとっては安全だった。スコットランドの新教徒である市民を組織体とするスコットランド会社は南島の南端に近いダネーデン市に多数の移民を送った。

一八五〇

嘉永三年

高野長英死す。

カンタベリー協会が、ニュージーランドに多数の移民を送る

オックスフォード大学クライストチャーチ校卒業生の発起によって創設され、主にイギリス国教である聖公会員によって組織されるカンタベリー協会は、ニュージーランド南島の中央に位置する現在のクライストチャーチ市に多数の移民を送った。

一八五二

嘉永五年

第二次ビルマ戦争勃発

ビルマ人のイギリス人に対する反感はその後ますます高まり、ことごとにイギリス人に反抗したが、この年、一隻のイギリス汽船がイラワジ川でビルマの暴徒に焼き払われた。虎視眈々として機を窺っていたイギリスは不当な額の損害賠償を要求した。ビルマ側がこれを拒否すると、イギリスはビルマに宣戦し、同時にペグ州全部を併合する宣言をした。これでビルマはパガン・ミン王が退き、ミンドン・ミン王はイギリスの要求どおりにペグ全部を割譲した。こうしてイギリスはラングーンを含む豊かなイラワジ川下流地帯を手中に収めた。

一八五三

嘉永六年

徳川家定が十三代将軍となる。

アメリカ軍艦ミシシッピー、江戸内海を測量。

プチャーチンの乗るロシア船が長崎に来航。

ペリーが四隻のアメリカ艦隊を率いて浦賀に入港

アメリカは日本が容易に開港の要求に応じないことを知り、強圧によって目的を達しようと考え、南北戦争で勇名を馳せたマシュー・カルブレイス・ペリー提督に十二隻からなる未曽有の大艦隊を授け、使命を遂行させることにした。種々の理由から実際に日本に出動したのは九隻にすぎなかったが、日本人を驚かすには十分だった。軍艦サスケハナ号に乗ったペリー率いる四隻の艦隊が浦賀に入港したのは九月三日だった。ペリーは自衛のためでない限り兵力の使用を禁止されてはいたが、アメリカ艦隊の威力を示して条約を締結しようとする目的であり、その態度は強硬で高圧的だった。

幕府は、浦賀は外国との応接場所ではないので長崎に行くように命じたが、ペリーは応じず、軍隊を江戸湾の奥深くに進め、あるいは決戦の用意があることを声明して幕府を威嚇した。世の中では流言蜚語が乱れ飛び、人心を脅かして江戸市中は不安に包まれた。やむなく幕府はペリーの要求を受け入れ、浦賀奉行に命じて浦賀の近くにある久里浜でペリーが携えてきた国書を受領させた。国書は日本の開港を促すものだった。しかし、ペリーは日本に即答を求めることなく、来年の春に再び来て回答を求めるだろうと言い残していったん浦賀を去った。

イギリス東インド会社社員の特典を撤廃

イギリス東インド会社の社員がそのままインド政府の重要な位置に就く特典が廃止され、広く人材を登用することが決まった。

一八五四

安政元年

松前蝦夷地巡検。

ニュージーランドが代議制となる

一八四五年、南オーストラリア総督からニュージーランド総督に転じたジョージ・グレイは懐柔政策によってマオリ族の鎮圧に努力しつつ、他方、新たな憲法案を本国に提出して代議制とした。独立植民地となってからわずか十三年で代議政治に変革することができたのは、グレイの英断によるものと言えよう。これと同時にマオリ事務長官を置き、マオリ人は国王に対する以外は一切土地の売買をしないことにした。

アメリカがハワイ併合を計画

アメリカ大統領ピアースはハワイ政府に対して併合条約の交渉を行ったが、イギリスの強硬な反対に遭って計画を放棄した。ウィリアム・スワードが「太平洋、その沿岸、その諸島および広大なその領域は今後、世界の大事件の一大劇場となるだろう」と述べているように、太平洋方面に大きな野心を持っており、ハワイ諸島が太平洋航路の十字路として軍事上、交通上に占める重要性が認識されていたので、アメリカは着々とその石川島に造船所。

安政の改革。

琉球・アメリカ修好条約。

野望実現にとりかかったのである。

日米和親条約締結

幕府が下田、箱館の二港を開港

正月十六日、ペリーは前年の言葉どおり再び日本に現れた。今度は浦賀の沖を過ぎ、武蔵野小柴沖に入り、さらに進んで神奈川に停泊した。これから先、第一回ペリー来航の直後にロシア提督プチャーチンが来航し、同様に開国を要求したのに対して幕府は開国延期を策して成功したので、再びこれをアメリカに適用する考えで応接の委員を派遣して横浜で会見させた。ところが殺気を帯びたアメリカ艦隊の陣容は去年よりも強化され、軍艦の数も九隻に増えている。幕府はもしアメリカの要求に応じなければどのような事態が起こるか分からないと考え、三月三日、ついに横浜で日米和親条約（神奈川条約）を結んだ。条約は十二条からなり、次のようなものである。

第一条　日本と合衆国とは、その人民が永世不朽の和親を取り結び、場所、人柄の差別これ無く候事。

第二条　伊豆下田、松前地箱館の両港は、日本政府に於いて亜墨利加船、薪水、食料、石炭、欠乏の品を日本にて調べ候丈は給し候ため、渡来の儀、差し免じ候。もっとも下田港は約条書調印の上、即時相開き、箱館は来年三月より相始め候事。給すべき品物直段書の儀は、日本役人より相渡し申すべく、右代料は金銀銭をもって相弁ずべく候事。

第三条　合衆国の船、日本海浜漂着の時、扶助致し、その漂民を下田または箱館に護送し、本国の者、受け取り申すべき所持の品物も同様に致すべく候。もっとも、漂民諸雑費は、両国互いに同様の事ゆえ、償うに及ばざり候事。

第四条　漂着あるいは渡来の人民取扱の儀は、他国同様緩優にこれあり、閉じ籠め候儀いたすまじく、しかしながら正直の法度には伏従致し候事。

第五条　合衆国の漂民その他の者ども、当分下田、箱館逗留中、長崎において唐、阿蘭陀人同様、閉じ籠め窮屈の取扱これ無く、下田港内の小嶋周りおよそ七里の内は勝手に徘徊致し、箱館港の儀は追って取り極め候事。

第六条　必用の品物、その他相叶うべきことは、双方談判の上取極め候事。

第七条　合衆国の船、右両港に渡来の時、金銀銭並びに品物をもって入用の品相調べ候を差し免じ候。もっとも、日本政府の規定に相従い申すべく、かつ合衆国の船より差出でし候品物を、日本人好まずして差し返し候時は、受け取り申すべく候事。

第八条　薪水、食料、石炭、ならびに欠乏の品を求むる時には、その地の役人にて取扱い、すべて私に取引すべからざる事。

第九条　日本政府、外国人へ、当節亜墨利加へ差し免じざり候廉相免じ候節は、亜墨利加人へも同様差し免じ申すべく、右につき談判猶予致さざり候事。

第十条　合衆国の船もし難風に逢わざる時は、下田、箱館両港のほか、猥りに渡来致さざる事。

第十一条　両国政府において、無拠儀これあり候模様により、合衆国官吏の者下田に差し置き候儀もこれあるべし。もっとも、約定調印より十八か月後にこれ無く候いては、その儀に及ばざり候事。

幕府、箱館地方を直轄とする。
箱館奉行設置。
日英和親条約七か条。
日露和親条約。

第十二条　今般の約条相定め候上は、両国の者堅く相守り申すべし。もっとも合衆国主において、長公会大臣と評議一定の後、書を日本大君に致し、この事今より十八か月過ぎ、君主許容の約条取り替わし候事。

ペリーはアメリカにおける帝国主義実行の先駆者だった。彼を両国の恩人とみなすようなことは、皮相的な見解と言わねばならない。

ペリー、下田を視察

ペリーはポーハタン号に乗り、ミシシッピー号を伴って、神奈川より下田に向かい、四月十八日に入港した。すでに先発のヴァンダリア、サウザンプトン、サプライ、レキシントンの各艦は到着していた。早速彼は測量隊を編成し、滞在中に港内の一切の調査を続けた。吉田松陰が夜陰に乗じてアメリカ艦を訪れ、密かに海外視察の旅に出ようとして失敗したのはこのときのことである。

ペリー、箱館を視察

ペリーが伊豆下田に停泊して二十五日目の夜、ペリーはいよいよ自ら箱館に赴くことになり、五月十三日、ポーハタン号に乗り、ミシシッピー号を率いて下田を出発した。こうして五月十七日朝、ポーハタン号はミシシッピー号とともに箱館港に到着。開港に対する談判をいろいろと行った末、六月三日朝、箱館港から錨を上げ、再び下田に到着した。

ペリーが下田を出港して日本を去ったのは六月二十八日である。

一八五五

安政二年

幕府、蝦夷地全土を直轄領とする。

幕府、蝦夷地移住を許可。

琉仏和親条約。

幕府、蝦夷地開拓希望者を募る。

海軍伝習所開設。

一八五六

安政三年

カリフォルニア立法議会が中国人移民に対して高率の人頭税を課す

一八四八年、カリフォルニアにゴールド・ラッシュが起こると、アメリカ大陸太平洋岸には金山業者、植民者、鉄道建設家などが事業を始めたので、彼らが使用する農民、店員、契約労働者、下級労働者などが中国から入り、中国人の数は確実に増加し、一八五三年には早くも二万に達した。そこでカリフォルニア立法議会は中国人移民に対して高率の人頭税を課したのである。

ニュージーランド・マオリ族、一八五三年の土地契約を承認せず

ジョージ・グレイの手によって国王以外には土地売買の契約をしないとする立法に、マオリ族は服従しなかった。彼らがニュージーランド会社によって奪い取られた土地は再び返らないからである。彼らは一八五六年に部族長大会議を開いて国王に対しても一切土地を売買せず、これを犯す者は死刑に処することを決議し、マオリ族の領土を統一するために一人のマオリ王を置くべきであると唱えた。

中国でアロー号事件起こる

広東付近ではイギリス人と中国人との間に絶えず摩擦が続いていた。広東付近の中国人は、南京条約で決定した一項目である広東を外国人に開放することをできるだけ長く実行しないようにと考えた。ジョン・デイヴィスと耆英との間には遅くとも一八四九年四月六日までには広東を開放することに取り決めが成立していたのだが、その期日が近づくにつれて中国当局がその取り決めの実行を回避する様子は明らかとなった。その理

鹿児島藩水軍隊創設。
萩藩軍艦製造所開設。
イギリス軍艦箱館に入港。
アメリカ船・フランス船・イギリス船など箱館入港。

由は、元来この取り決めは実行するとなれば重大な反乱が起こる恐れが十分にあるということであった。デイヴィスの後任として香港総督となったジョン・ボウリングは中国側の最高委員である葉名琛と広東の城壁内で会見しようとしたのだが、これは中国側から拒絶された。中国側の提議は城外で会見しようということだった。

事態がようやく急迫した時、ハリー・パークスがイギリス広東領事に任命された。パークスは極めて強硬な対中国政策を持ち、任官当初から中国民衆を強制的にイギリス側の主張に従わせようという計画を持っていた。ところが葉名琛は毅然として態度を変えず、従来どおりイギリス領事との会見は広東城外で行うべきであるという立場を堅持して動かなかった。こうして中国側とイギリス側との緊張状態は年ごとに悪化し、形勢は重大化するばかりだったが、一八五六年十月になって、ついに両者を戦争状態にまで追い込む事件が起こった。鴨尾船アロー号事件である。

香港のイギリス政府は、同島に居住する中国商人の商業を容易にすることを名目にある程度までの制限を加え、中国船にもイギリス国旗による保護を与えて「航海特許状」を交付した。アロー号は鴨尾船（ヨーロッパ風の船体と中国式の船体を持った船）の一種だったが、香港で登録され、航海特許状を持っていた。同船はイギリス国旗を掲げアイルランドの一士官によって指揮されていた。このアロー号がたまたま黄埔江に停泊している時、数名の中国士官に踏み込まれ、たちまちイギリス国旗が下ろされて船員十二名が捕虜として中国軍艦に拉致された。この事件がハリー・パークスに報じられると、彼は葉名琛に書状を送ってイギリス国旗侮辱に対する謝罪と拉致した船員の返還を要求した。しかし葉名琛はこの要求に応じなかった。アロー号にはイギリス国旗が掲げられていなかったし、乗員の一人は長い間中国側が探し続けていた海賊の父親であって、犯罪容疑者であるから、中国士官の処置は極めて当然であるというのだった。両国が論争を続けているうち、アロー号はすでに数か月以前から「航海特許」の期限が切れていることが明らかとなったので、中国側は、アロー号はイギリス国旗掲揚の権利を持っていないと主張した。しかしパークスは強硬に中国側の主張を拒否し、南京条約第九条に明瞭に述べられているように、イギリスが雇用している中国人の犯人はイギリス官憲の手を通して処刑されるべきものであり、特許の期限が切れていることは事実としても、中国官憲が船員を捕縛した際には、これを知らなかったはずであると主張した。イギリスの主張があまりに強硬なので、葉名琛はやや態度を軟化させ捕虜のうち九名だけを返還しようと申し出た。残りの三名のうち一名は重罪人であり、他の二名は重要な証人であるから釈放には応じられないというのである。中国側はイギリス国旗を侮辱してはいないという建前であり謝罪についてはまったく触れなかった。これに対しハリー・パークスは九名だけを受け容れることを拒否し、十二名全員の引き渡しとイギリス国旗侮辱に対する謝罪を強硬に要求した。やむなく葉名琛は十二名の返還に応じたが、彼はパークスに対して、そのうちの二名はその後に中国側に返還すること、イギリス領事の前で被告に必要な尋問を行う際、被告を護衛する正士官は一人も送らないようにとの条件を付けた。パークスはこの妥当性も拒み、実力に訴える準備を着々と進めた。

アロー号事件の真因

アロー号事件は中国とイギリスが戦う直接原因ではあったが、この事件そのものは小吉田松陰が松下村塾を始める。

樺太漁場開拓。

幕府北蝦夷地でロシアとの国境を北緯五十度内外とする。

さな一つの事件に過ぎず、もし双方に抑制するだけの余裕があったならば、事件は穏便に処理されたかも知れなかった。しかし、イギリス側は中国を植民地化しようとすることを急ぎ、この事件に乗じて一気に中国を威圧しようとしていたし、一方の中国側にはイギリスの圧力を排除しようとする強い要求があったのである。中国がイギリスを主とする白人諸国家に対して抱いていた憤懣はいろいろとあったが、その主なものの一つは、厦門の労働者売買だった。中国の労働者は南中国の各地から誘拐されて厦門に連行され、ここからキューバ、ペルー、カリフォルニアなどへ強制的に送り出された。

もう一つの難事は、アヘンを輸入することは「法律違反」であると布告していたにもかかわらず、依然としてアヘンの密輸入が続けられていたことである。この種の密貿易に従う者は、アロー号のように香港政府の航海特許状を受けた一連の船群であった。これらの船群はイギリス国旗を掲げて中国の商港に出入りし、その旗の陰に隠れてアヘン貿易に従事していたのだが、中国側は直接これに手を下すことができず、イギリスの行う悪辣な手段を憤懣のうちに眺めていたのである。

ハリスが下田に来航

アメリカ使節タウンゼント・ハリスは総領事の任務を帯びて四月二十一日に下田に来航し、領事館と定められた柿崎の玉泉寺に入り、八月五日、アメリカ国旗を掲揚した。九月二十七日、書を幕府に送り、江戸に出向いて書簡を将軍に奉げようとしたが、容易に運ばず、下田奉行と会見し、長崎の開港、アメリカ人の居住、金銀貨の量目交換、領事裁判、総領事の特権などに関する議事を開いた。

萩藩、軍艦製造所を開設。

箱館奉行、蝦夷人に対し日本語の習熟・風俗の同化を奨励。

アロー号事件の経過

香港総督ジョン・ボウリングはイギリス国旗侮辱の報いとして中国ジャンクの捕獲を命じたが、中国側が痛くも痒くもないことを知ると、広東の咽元となっている虎門要塞を攻撃することとなった。こうしてイギリスは十二月には珠江に臨む諸要塞をすべて奪取した。広東市は砲撃を受け、城壁の一部と城内の一つが奪取され、葉名琛はイギリスの砲弾に当たって重傷を負った。イギリス艦隊司令官ミッチェル・シーモアとハリー・パークスは、いったん広東城内に入りイギリスの砲撃を受けて破壊された建物を巡視したが、イギリスの軍隊は広東を占領し続ける兵力を持っていなかったので、一時放棄することを決め、イギリス政府に要求した五千人の援軍が到着するのを待った。

これを見て中国側は、破壊された城門を修復し、さらに抵抗を続ける準備を始めた。葉名琛によってイギリス人の首に賞金がかけられ、一般市民の戦争熱はいやが上にも高まった。広東市外の工場は焼き討ちにされ、数名のヨーロッパ人が捕えられて首を切られた。また香港居留地のパン屋の長は、朝食に供するパンの中に毒を混入して、イギリス人を一人残らず殺害するという計画を立てた。計画は失敗したが、多量の亜砒酸が消費された。イギリス人が広東から引き揚げた事実は、中国人に勝利は我にありと思わせることになり、新しい抗戦の勇気を吹き込んだ。中国側勝利の報は咸豊帝の上聞に達し、両広総督葉名琛は外人問題の処理を独断で行ってよいとの勅許を受けた。

一方、イギリス政府はミッチェル・シーモアの要請に応じて、エルギン卿ジェームズ・ブルースを全権公使として中国に派遣することを決め、なお五千名の軍隊も出発させた。ところが、エルギン卿がシンガポールに到着すると、インドに反乱が起こったの

蝦夷地から初めての租米を納入。

で中国に派遣する軍隊をインド反乱鎮圧のため一時使用させてもらいたいとのインド総督カニングからの連絡があった。インドの事態は差し迫っていたので、エルギン卿は中国を後回しにすることにし、五千名の軍隊をインドに回航させた。こうしているうちにイギリス・中国両国間には海上における小さな衝突がたびたび繰り返された。とくに一八五七年五月には注目すべき海戦が行われた。一つはシーモアによって行われた仏山攻撃であり、一つはエリオットによって行われたクリーク掃蕩戦であった。この両作戦の目的は広東水路に出没する中国艦隊所属ジャンクを完全に壊滅させることであった。

その頃、フランスはナポレオン三世の治下にあり、積極政策に沿って中国に進出しようと計画していた時、広東省西部でフランス人宣教師が殺害されたので、その罪を問うことを口実にイギリスと協同することになり、グロス男爵を中国に派遣し、相当の軍隊を送ってエルギン卿と協同させるようにした。英仏両国の軍隊は中国に到着するとただちに広東に突進し、一八五七年のクリスマスの日に、エルギン卿は葉名琛総督に最後通牒を突きつけ、四十八時間以内に中国の軍隊を広東から撤退させなければ市街を攻撃すると通告した。

四十八時間が経過しても中国側から返事がもたらされなかったので、英仏両国軍はただちに攻撃を開始し、たちまち城門を奪取し、市街を占領して葉名琛の行方を探索した。葉名琛は変装して逃亡しようとしていたところを捕えられた。両国司令官は葉名琛を捕虜としてカルカッタに送った。イギリス側は葉名琛を排英の急先鋒と見ていたので、彼が自由である間は広東地方の排外運動は中止しないだろうし、またイギリス工場焼き討ちの責任者は彼であると思ったからである。

一八五七 安政四年

カルカッタに連行され、郊外の別荘に幽閉された葉名琛は一年後に死亡した。広東が陥落すると、中国人知事柏貴、イギリス人サー・ハリー・スミス・パークスらによって臨時政府が樹立された。臨時政府の広東統治はおよそ三年続いた。エルギン卿は、広東の占領が完了すると北京の政府当局に書状を送り、北京政府と直接平和条約を締結しようとした。北京政府の返書はエルギン卿にではなく両広総督に宛てたものであり、エルギン卿の提議を拒絶し、新たに任命された両広総督を会議の代表とするというものであった。エルギン卿は中央政府と直接交渉を行おうとする意図が拒絶されると、北方においても戦争を行うことを決意し、ただちに英仏連合艦隊を白河口に回航させた。中国軍は猛烈に抵抗したが、ついに大沽要塞は英仏連合軍の手に落ち、天津の陥落も時間の問題となった。エルギン卿ジェームズ・ブルース、ジャン・バプティスト・ルイス・グロス男爵の二人にアメリカおよびロシアの公使を加え、四国連合の圧力によって、中国側に平和会議開催に同意させた。

ハリス、江戸に入る

ハリスは十月二十一日、江戸に出て将軍徳川家定に謁見し、大統領の書簡を奉じて二十六日夜、老中堀田正睦の屋敷を訪ね、世界の情勢を述べて日米通商条約の締結を要求し、他の強大な艦隊が来る前にアメリカと条約を締結したほうがよいと説いた。

水戸郷士によるハリス狙撃計画

十月、ハリスが江戸城に登城して将軍に謁見した際、水戸の郷士堀江古之助、蓮田東最初の国産汽船。

幕府の要請に応え、オランダから海軍二等軍医ポンペが咸臨丸で来航。

オランダと初の通商条約。

アメリカ、フランス捕鯨船が箱館に入港。

蔵、信田仁十郎の三人がこれを聞き、「神州は夷人の手にて汚されたり」として国を脱して江戸に潜み、ハリスを狙撃しようと計画した。結局、自首したので、幕府では伝馬町の獄に入れて厳重に監視した。

インド兵の反乱が起こる

五月、イギリス人が自国式で訓練したインド兵の反乱が起こった。日を置かずにデリーからパトナにいたるガンガ河畔一帯の住民も呼応して立ち、イギリス人を虐殺して勢いを増した。イギリスのインド支配は覆されるかに見えたが、イギリス東インド会社から年金を受けていたインドの王侯や貴族はこれに加わらず、その他の上層階級も立ち上がらなかったので、半年後には徹底的に鎮圧されてしまった。この反乱中とその後、イギリス人のインドに対する態度は残忍酷薄を極めた。

「戒厳令は敷かれた。五月および六月の立法会議によって制定された恐ろしい条例が盛んに適用された。文官武官が同様に血なまぐさい巡回裁判を開き、あるいは裁判なしに現地の老若男女を殺害した。血に飢えたような獣欲はさらに強まった。反乱に加担した者だけでなく老人、女子、小児なども血祭りに上げられた。これはインド総督が本国に送った書類の中のイギリス議会の記録にも収められている。彼らは絞首刑には処せられず、村々で焼き殺され、あるいは銃殺された。イギリス人は臆面もなくこの残忍さを誇り、あるいは一人も生き残らせないと言い、あるいは現地人を片端から殴り飛ばすのをじつに面白い遊びだと言った。権威ある学者が認めたある著書には、三か月の間、八両の車が十字街や市場で殺された遺体を運び去るため、朝から晩まで往来したとあり、こうして六千の生霊が殺されたという」

「わが軍の将校はすでに各種の罪人を捕え、あたかも獣を殺すように絞首刑に処していた。絞首台は列をなして立てられ、老人、壮年は言語に絶する残酷な方法によって絞首された。ある時は、児童が無邪気に、反乱兵が使った旗を立て、太鼓を打ち鳴らしながら遊んでいるのを捕えて、この児童たちに死刑を宣告した。裁判官の一人だった将校がこれを見て長官のもとに行き、涙を流して罪のない児童への減刑を嘆願したが、ついに聞き入れられなかった」。G・B・マレソン『印度反乱史』の一節である。

じつに、このように天人ともに許すべからざる残虐な行為が、常に繰り返されたのである。インドが巨大な人口を持ちながら、少数のイギリス人に統治されたのは、多くの小国に分かれ、階級に分かれ、宗教を異にし、互いに争って一致団結することがなかったからであり、老獪なイギリスはこうしたインドの特殊性を利用し、一致団結を常に妨害し続けてきたからにほかならない。

一八五八 安政五年

オーストラリア北西ココス島（キーリング島）がイギリス領と宣言される

カリフォルニア立法議会で中国人・モンゴル人移民入国禁止法案が通過

カリフォルニアに中国人の数が増えると彼らを排斥する風潮が次第に顕著になり、中国人およびモンゴル人移民の入国を禁止する法案が州議会を通過したが、カリフォルニア高等法院、カリフォルニア連邦巡回裁判所およびアメリカ大審院は、「移民法は外国商業の範疇に属するので、アメリカ議会の権限に属する」ものとして無効を宣告した。

鹿児島藩、ライフル銃の製造に成功。

アメリカ軍艦ミシシッピー号、ポーハタン号が下田に入港。

幕府、朝鮮外交を直轄。

岡山藩が銃砲製造所を設置。

天津条約成立

四か国の圧迫により、やむなく桂良、花沙納の両代表が中国側から派遣された。南京条約の締結に尽力し、かつ広東地方の外国人に知己の多い耆英は、自ら志望して外国兵を首都近辺から撤退させようと計ったが果たせず、いよいよ帝の信任を失い「死」を賜ったが、過去の経歴が称えられて自殺することが許された。こうした経緯があったのち、六月二十六日、ついに天津条約が締結された。天津条約の主要な条項は次の六条である。

一、英仏両国公使は北京に居住する権利を保有する。

二、外国貿易のため、すでに開いた五港のほかに牛荘、登州、漢江、九江、鎮江、台湾府、汕頭、南京を貿易港とし、イギリス船は揚子江上で貿易する自由を許される。

三、外国人は、領事が署名するパスポートによって中国内地を自由に旅行することができる。

四、キリスト教布教の自由。

五、南京条約によって決定した税率を変更し、イギリスはただ一度およそ二・五パーセントの税を払えば国内至るところにその貨物を運搬することができる。

六、広東戦争の賠償として、中国側は二百万両を支払う。

天津条約の最も重要な条項は言うまでもなく一条で、英仏公使が北京に駐在する権利を獲得したことであったが、その権利をただちに行使したわけではなかった。中国当局はエルギン卿ジェームズ・ブルースに対して、北京の町には外国人が居住したことがないので、あるいは重大な暴動が起こるかもしれないと告げたので、エルギン卿は本国政井伊直弼が大老就任。

府へ公使が駐在することをもう少しあとにしたらどうかと訓令を乞い、公使駐在を延期する代償として、イギリス艦隊が揚子江を漢口まで遡航する権利を得た。なお、税率の改正に関する会議は上海で開催され、一八五八年十一月八日に署名を終えた。この会議の主要な点は、アヘンが薬品として登録され、公然と輸入が許可されたことである。

日米修好通商条約締結

アメリカ領事ハリスは中国におけるアヘン戦争について述べ、やがて日本にも強大なイギリス艦隊が現れて、無理難題を吹きかけるだろうと半ば忠告するような顔で圧迫したので、幕府は通商条約締結の意を決し、下田奉行井上清造、目付岩瀬忠震を全権委員に任命し、ハリスの提出した条約の草案についてひとつひとつ取り上げる会議を開いた。会議は十三回開かれ、一月十二日、通商条約十四か条、貿易章程七条を議定した。すなわち公使の江戸駐在、領事の開場所駐在および国内の旅行を認め、神奈川、長崎、箱館、新潟の五港と江戸、大坂の両都を開いて両国商人の直接取引を許し、貨幣同種類の量目交換を定め、治外法権を承認したのである。こうして不平等条約はハリスの強圧によって成立した。老中堀田正睦は条約の謄本を携えて上京し、勅許を乞おうとしたが果たせず、大老井伊直弼は勅許を待たずに六月十九日、条約に調印した。

麻布善福寺がアメリカ公使館となる

この年の末、アメリカは総領事ハリスを昇格させて公使とし、麻布善福寺がアメリカ公使館となった。

オランダ国と通商条約締結。
イギリス軍艦、品川に入港。
アメリカ軍艦、下田に入港。
幕府、軍艦奉行設置。
幕府、藩大名に武器の輸入を許可。
グラバー商会開業。
安政の大獄。

不平等な日英通商条約が締結される

イギリスが直接インドの統治に当たる

イギリスはついにインドの直接統治に当たることを宣言し、当時のインド総督カニングは改めてヴィクトリア女王からインド太守兼総督に任ぜられ、本国で新たに内閣にインド事務大臣を置き、次に掲げる新原則を定めて統治の方針を確立し、民兵一揆に加わった人々の特赦を行った。

一、インドにおけるイギリス領土を拡張しないこと。
二、インドの先住民にイギリス人と同等の待遇を与えること。
三、宗教的信仰の違いによって待遇を変えたり、またキリスト教の信仰を強要しないこと。
四、種族信仰の違いを問題にすることなく才能のある者は官吏として登用すること。
五、インドの旧習を尊重して法律を定めること。
六、公益のためインド産業の発達を図ること。

しかし、これらの政策は深まりゆくインド民衆の反英感情を弱化しようとする懐柔政策にほかならず、羊頭狗肉であり、実行されなかったことは言うまでもない。なお、この際、インド統治法を制定し、インド事務大臣の下にインド評議会を設け、インドの事情に精通する者を評議員として大臣の相談相手とした。ところが、インドには三億を越える人口があり、ヒンドゥー種族をはじめドラヴィタ族、アラビア族、アルメニア族、イラン族、トルコ族など雑多な種族に分かれ、とくにヒンドゥー種族のようなものは多幕府、銅の海外密輸を禁ずる。

くの種姓を基礎とする階級制度によって社会を組織して複雑を極め、彼らが奉じるヒンドゥー教は最も広まっていた。ヒンドゥー教に次ぐのはイスラム教で、他にシク教、キリスト教など宗種が非常に多く、かつ政治的には多くの小国が分立する状況だった。ゆえにイギリスはこの形勢を利用し、区分して支配する主義をとり、種族、信仰の相違、利害の不一致などに乗じて、つとめてインド人の結束を妨げ、その勢力を小さく統治する方針をとった。

一八五九 安政六年

下田、横浜、長崎、箱館の四港を開く

アメリカ・イギリス・オランダ・フランス・ロシアの五か国と交易を始める。

ビルマ・コンバウン王朝ミン王、王都をマンダレーに移す

一八六〇 万延元年

英仏連合軍、北京に迫る

イギリス政府は一八五九年、条約の批准を交換するためにエルギン卿ジェームズ・ブルースの弟フレデリック・ブルースを公使として中国に派遣した。彼は前年の戦争で兄の秘書として活躍し、その実力をヴィクトリア女王に認められ、最初の中国駐在イギリス公使としてヴィクトリア女王の信書を奉じて乗り込んできたのである。彼は上海に上陸して桂良、花沙納と会見したところ、二人ともブルースの入京を諫め、フランス、アメリカ、ロシアなどの公使にも上海で批准の交換を済ますように力説した。ところが、外国公使団は首都ではない上海で条約を批准することはできないとし、この条約は北京

で批准を交換する旨が明記してあると主張した。

このような状態で、イギリス艦隊も天津に入港しようとし、白河沖に到着してみると、大沽の要塞は非常に強化されており、白河口には丸太と鉄鎖で堅くつなぎ合わせて閉鎖されていることがわかった。中国当局はアメリカ公使フレデリック・タウンゼント・ウォード、イギリス艦隊司令官ジェームズ・ホープの二名に対して「公使団は白河口から十マイル離れた北塘から上陸されたし」と提議してきた。この地には中国の軍隊が待機していたので、北京まで護衛するというのである。外国公使団はこれを拒否し、通常の道筋より平和的に首都に入るべきであると主張した。中国側が提議した道筋は安南その他の国々から貢物を持って入京するときの「朝貢路」である。公使団は断じて奇怪な行動をとらないと激昂した。六月二十三日夜、イギリス軍によって白河口防塞の一部は破壊され、翌朝、ホープは十三隻からなる艦隊を通過させようとした。たちまち河口の中国側要塞は火を吹き、イギリスの砲艦四隻が撃沈され、多数の士官と兵卒が負傷した。

そこでイギリス艦隊は陸戦隊と軍需品を陸揚げし、要塞を陥落しようと企てたが、上陸したイギリス兵はたちまち泥濘の中にはまり、要塞からの十字砲火を浴びせられ、進撃する術なく退却を余儀なくされた。この一戦後、アメリカ公使ウォードが北塘に向かい、同地で中国兵の護衛を受けて北京に入った。中国側は「叩頭」の礼を要求したので、ウォードはついに皇帝に謁見しないで北塘に帰り、ここでアメリカ・中国の条約批准を交換した。一度大沽から撃退されたイギリス艦隊は、フランス艦隊と合体して再び大沽を攻撃することになり、アメリカからそれぞれ多数の武器弾薬と兵員を送られた。

米船ポーハタン号品川港に入る。

咸臨丸、アメリカに向けて浦賀を出港。

万延貨幣改鋳。

前回と同様、エルギン卿とグロスが全権を委ねられた。イギリスの派遣軍は一万三千で、主としてインド兵からなり、ホープ・グラントによって指揮された。フランス軍は七千名で、シャルル・モントーバンが指揮していた。

イギリス艦隊は大連湾に、フランス艦隊は芝罘に結集した。英仏連合軍はまず北塘を占領し、大沽要塞を背後から砲撃したが、この戦術は中国側を混乱に陥れた。背後からの攻撃はまったく予期していなかったのである。

こうして北塘は難なく連合軍の手に落ち、塘沽を目指して連合軍は追撃した。折から氾濫期で、至るところにある掘割は英仏連合軍の前進を阻み、中国軍も勇敢に戦った。中国軍の司令官は数年前に太平天国の天津攻撃を巧妙に防いで撃退した僧格林沁だった。彼は必勝の信念に燃えていたが、近代装備を誇る英仏連合軍の敵ではなく、連合軍はついに塘沽を占領した。連合軍は同地を大沽要塞の攻撃基地とした。直隷督恒福はエルギン卿と交渉を始めたいという意向を示したので、エルギン卿は中国側が先の大沽戦の責任を負い、かつ天津条約の精神を遵奉し、今回の戦争の賠償をしない限り交渉には応じにくいと申し送った。中国側はこれに対して回答しなかったので、連合軍は要塞の攻撃を開始した。

中国側はじつに勇敢に戦い、要塞の一つが大爆発を起こしたあとも士気は衰えなかった。しかし、北岸の要塞の一つが連合軍の手に落ちると、他の北岸の要塞は戦意を喪失して白旗を掲げた。ここで南岸の三要塞も降伏した。この時、一八六〇年八月二十一日。大沽要塞が陥落すると、天津への通路が開けたので、連合艦隊は河口の障害物を除去して白河を前進した。事態が容易でないとして、中国政府は桂良に対し、恒福ととも幕府の遣米使節がハワイに着く。
桜田門外の変。井伊大老死去。
幕府の遣米使節サンフランシスコに着く。
遣米使節、アメリカ大統領に謁見。
安藤信正が老中に就任。

に和平策を講じるように命じた。エルギン卿が要求した条項は、一、前年中国側がイギリス艦隊に加えた攻撃に対して陳謝すること、二、天津条約を確実に遵奉すること、三、今度の陸海両作戦に要した損害を賠償するという三条だった。フランスもこれと同じ要求を突きつけた。中国側の代表は、実際に全権を持っていなかったので、この要求に即答することができなかった。連合軍は北京に向けて兵を進めた。

中国でウォードを指揮官とする洋槍隊が発足

中国上海でウォードを指揮官とする軍隊、洋槍隊が発足。上海租界にいた外国人を兵として雇用した。この軍隊は、翌年には「常勝軍」と改名した。

ヒュースケン事件勃発

ヒュースケンはもとオランダ人で、英語をよく話すので通訳として長くアメリカ公使ハリスに用いられていたが、彼はさっぱりとした性格だったので、平素から幕府の護衛がつくのを嫌い、一人で街を歩くことが多かった。ある日、プロシア公使オイレンブルグの旅館に赴き、進物を幕府の役人に贈る事務を手伝った。それが終わると護衛に目もくれず麻布善福寺のアメリカ公使館に帰る道すがら、中の橋付近で二人の壮士に襲われ腹部を刺された。イギリス公使オールコックはこの事件に憤激し、幕府に外人保護の誠意がないとしてフランス公使、オランダ領事を誘って横浜に退去した。日本の志士たちがイギリス、アメリカを主とする外人に対して悲憤の涙を絞ったのは無理もなく、殺害事件が相次いで起こったことはやむを得ない。彼らは二言目には戦争を口にし、日本を日本・ポルトガル修好通商条約調印。
萩・水戸両藩の提携成立。
外国人初の富士登山。
プロシア使節来日。

脅かし、日本を未開国と見なして傲慢無礼な態度で臨んでいた。

ところが幕府は正当な抗議すらせず、何事も彼らの言いなりになっていた。わが国民を軽蔑した外国人は、何も役人ばかりではなく、一般の商人たちもそうだった。彼らはすでに武力によって多くの国々を征服し、武力さえあればどんな無理でも通るとの自信を持っていたので、些細なことでわが国民を罵り、恥辱を与え、暴行を加えた。馬上で往来を駆け巡り、住民を蹴倒し、人類学上の標本を集めると称して勝手に墳墓を発掘した。または貿易上の取引に不正手段をとり、領事裁判では外国人の勝利となった。こうした事実は枚挙にいとまがなく、その一つひとつはわが国民の敵愾心をいやが上にもあおったのである。外国人に対して危害を加えたことはもちろん許されないことだが、その原因を探れば、多くの非は外国人たちにあったのである。

パークスおよびロッチが中国軍に捕えられる

連合軍が天津から北京への道の半ばに達した時、載河の李公は書状を連合軍司令部に送り、平和手段を講じたい旨を伝えたので、エルギン卿はウェードとハリー・パークスとを通州に派遣し、中国代表と予備的和平交渉を進めさせた。彼らは通州からおよそ五マイル離れた張家湾で載河公と会見し、同地より北京へ入る手筈を整えて軍の駐屯地まで帰り、首尾よく打ち合わせを終え、さらにパークスは最終的交渉を行うためにエルギン卿の私設秘書ヘンリー・B・ロッチとともに再び通州に向かった。パークスが二度目に通州に到着すると、載河公の態度が硬化しており、エルギン卿が中国皇帝にヴィクトリア女王の信書を奉じることを強硬に拒絶し、しかも連合軍が宿泊する予定だった張家湾はおよそ八万の中国兵が周囲を取り囲んでいることがわかったので、パークスは即刻ロッチを連合軍首脳部に送って事態の急変を司令官ホープ・グラントに告げさせた。ロッチはパークスから託された使命を果たすと、わずかな兵を率いて通州に引き返した。二人は通州で落ち合い、イギリス軍が駐屯する方に引き返そうとしたが、途中で中国兵に捕えられ、通州に送還され、さらに北京に送られて投獄された。

英仏軍、北京円明園を破壊

こうして張家湾で、英仏連合軍と中国軍との戦いが開始された。僧格林沁は直属の精兵を八国橋に待ち伏せさせ、殺到する連合軍と戦った。中国兵はじつに勇敢に戦ったが利はなく、連合軍の北京進撃はいよいよ急を極めた。ここで皇帝は熱河に逃亡し、皇帝の恭親王が外的との折衝に当たった。恭親王が連合軍側に事件処理の意を表した時、連合国側は交渉に入る絶対的条件として、捕えられた白人の返還を要求した。英仏軍は北京郊外にある円明園に入って陣取った。恭親王は危険を恐れて逃亡。立派な円明園の建物は英仏両軍によって破壊され、高価な宝物は略奪された。ついに恭親王は捕虜の返還に応じ、パークス、ロッチ、八人の騎兵、一人のフランス士官は釈放された。このほかに捕えられていた者がいたが、獄中で死亡しており、エルギン卿とグロスはその報復手段として夏宮に火を放つよう命じ、華麗な建物の一群は猛火に包まれて焼け落ちた。

北京条約成立

熱河にある威豊帝はなお戦いを継続しようと主張していたが、恭親王はこれ以上抵抗幕府、英仏など八か国と長崎地所規則調印。
遣米使節団帰国。

を続けることは無益であるとし、エルギン卿およびグロスと和平について協議することを決めた。新条約は十月二十二日に調印され、天津条約が確認された上、さらに次の四か条がイギリス側から要求された。一、八百万両の賠償金を支払うこと、二、中国人を労働者その他の移民として海外に出すことに同意すること、三、香港対岸の九龍をイギリスに割譲すること、四、天津を貿易港として開港すること。またフランスは、キリスト教徒に属していた墓地、宣教師が所有していた土地、建物などを返還すること、という一条を要求した。

太平天国軍が上海に迫る

英仏両軍の侵入によって、揚子江一帯では太平天国の勢力が拡大し、外国貿易はほとんど上海を中心として行われるようになった。蘇州および抗州の絹、安徽、江蘇、福建、浙江などの茶も陸路上海に集まってくる有様で、商業は非常に繁栄したので、太平天国も官軍もともに上海に注目するようになった。当時すでに上海には外国人居留地があり、イギリス領事オールコックは戦乱が波及するのを恐れて義勇軍を組織して防御を図った。しかし、間もなく革命を目指す秘密結社の一味七首魁が台頭して県城を占領し、上海の行政権を掌握した。ところが清の官兵がこれを攻め、居留地もその禍を受ける恐れがあったので、厳正中立を宣言した。ここで中国人の多くは難を逃れて中立地帯に入り込み、木像の仮小屋を立てて住むことになったので、勢い犯罪も起こり、英米二国の領事は司法警察権を分担して取り締まりに当たった。この頃、太平天国は江西、安徽方面を曾国藩に平定されて資源を喪失していたので、東に向かってそれを補おうとし

一八六一

文久元年

長崎製鉄所完成。

幕府、小笠原諸島の領土宣言。

樺太国境交渉。

対馬占拠事件。

一八六二

文久二年

て、ついに上海に迫ることになった。

オーストラリアが中国人排斥法を公布

一八五一年、オーストラリアで金鉱が発見されると、労働力の不足をきたし、おびただしい中国人労働者が移住してきた。そのため中国人労働者と白人労働者との間に人種的な闘争が起こり、一八六一年にはニュー・サウス・ウェールズ州の金鉱ランビング・フラットでは中国人排斥の暴動が起こった。州当局は事件を非常に重大視し、中国人排斥法を規定してただちに公布し、実施した。クイーンズランドもこれに倣い、他の諸州も相次いで中国人移民排斥法案を立法化した。

十四名の水戸藩士がイギリス公使館を襲う（東禅寺事件）

五月二十八日、有賀半彌、岡見留次郎、森半蔵、矢澤金之助、渡邊幸蔵、黒澤五郎、小堀寅吉、木村宰之助、古川主馬之介、石井金次郎、榊鉞三郎、中村貞介、山崎信之助ら十四名は、高輪東禅寺のイギリス公使館を襲撃し、書記オリフハント、長崎領事モリソンの二名を傷つけた。イギリス公使オールコックの態度が非常に不遜だったので強い反感を買ったのである。当時の在留外人は日本人を野蛮人と見て傲慢だった。

ウォードが慈渓の戦いで戦死

太平天国軍が上海に迫ると、上海在住の中国人は江蘇省長李鴻章を助けることになり、暴徒に反抗する愛国会を組織した。二人のアメリカ人フレデリック・タウンゼン文久遣欧使節が長崎出航。
高杉晋作、上海へ渡航。
坂下門外の変。
イギリス代理公使ウィンチェスター来日。
駿河製塩所設置。
横浜英学所開設。

ト・ウォードとヘンリー・アンドレス・バージェヴィンは主として外国人の義勇兵を募り、中国人と力を合わせて上海を守った。義勇兵として応募した外国人は船員や冒険好きの者たちで、その数およそ二百名。ウォードはこの一隊を率いて松江を攻撃した。第一回の攻撃では予定していた効果を上げることはできなかったが、第二回目には官軍の協力を受けて松江を奪取し、さらに青浦を攻撃したが、太平天国の一将忠王に背後を衝かれて惨敗し、ウォードは重傷を負った。八月、忠王は上海を攻撃してきたが、ヨーロッパ人部隊は中華街の城壁に大砲を据え、殺到する賊軍に十字砲火を浴びせたので、賊軍は上海奪取を放棄して退却した。

北京条約締結後、英仏連合軍は北方より帰還した。イギリス海軍司令官ジェームズ・ホープは南京で太平天国の長、洪秀全と会い、「外国人は官軍を助けることなく厳正中立を保つので、賊軍に上海を攻撃させないように」と交渉した。イギリス側には、太平天国軍が意気盛んなのを見て、これを利用しようという下心があった。一方、青浦奪取に失敗したウォードは、第二回の青浦攻撃を企てていた。イギリス当局は、ウォードの行動は、ホープが洪秀全とまとめた交渉を破壊することになると考え、ウォードを逮捕したが、ウォードは、自分は中国の市民権を持っていることを主張し釈放された。

こうしてウォードは中国人によって軍隊を組織し、士官には外国人を採用し、この軍隊を「常勝軍」と名づけた。こうしている間に賊軍は太平天国軍の手に落ち、上海は危険にさらされた。イギリス軍司令官ホープは再び南京を訪ね、賊長に太平天国への不信を詰め寄ったが、賊軍がこれをことわったため、以後、中立政策を放棄して官軍に味方することを決めた。常勝軍司令官ウォードは松江に司令部を置き、ここで新たに組織し寺田屋騒動。
石川島で初の国産軍艦製造。

た軍隊を率いて出陣し、数度にわたって大勝を得た。英仏両軍の司令官ウォードと力を合わせて暴徒に当たったので、上海を中心とする三十マイルの地域内には暴徒の侵入を許さない手筈を定め、一八六三年末には英仏軍の企図は完成したが、ウォードは寧波に近い慈渓で戦死した。

長州藩がアメリカ船ペンブローク号を砲撃

攘夷の勅命を奉じた長州藩は、その機会が来るのを待ち受けた。長州藩は外国船が頻繁に往来するから攘夷の実行には屈強の要員を占めている。最初の外国船砲撃は五月十日、アメリカ船ペンブローク号に向かって加えられた。排水量二百トンのペンブローク号は五月七日に横浜を離れ、長崎を経て上海に赴くべく周防灘を過ぎ、馬関海峡にさしかかった。当時、風雨が強かったので豊前田の浦に停泊し、順潮を待っていたのである。これを見た長州側の兵はただちに戦闘準備を始め、一応ペンブローク号に人を送って尋問したあと、毛利能登の軽挙を戒める言葉を聞き入れず、夜間に軍艦庚申丸および癸亥丸の二隻でアメリカ船を挟み撃ちにした。アメリカ船はこれに驚いて逃げ去った。

アメリカ艦ワイオミングが下関を砲撃

ペンブローク号が砲撃されたことを知ったアメリカは激怒し、折から横浜に入港していたアメリカ軍艦ワイオミング号に命じ、五月二十八日、横浜を出航させて長州藩に復讐することになった。ワイオミング号は五月晦日に姫島に到着し、六月一日早朝に長州城山の岬角に進んだ。長州藩はこれに砲撃を加えたが、アメリカ艦はこれに応じず、馬徳川慶喜、将軍後見職に就任。
小笠原諸島移住開始。

関海峡の門司岬角に出てはじめて火蓋を切った。これに対し、長州藩の庚申丸、癸亥丸、壬戌丸の三艦が応戦し、最善を尽くして戦ったが、長州藩の砲台には守備兵が少なく、艦隊も備砲が不足していたので苦戦を強いられ、壬戌丸、庚申丸の二艦は撃沈された。アメリカ艦もまた数弾を蒙り死傷者を出したが、機を見てここを脱し、六月四日、横浜に帰航した。

イギリス領ビルマがインドの一州となる

イギリスはビルマにおけるイギリス領をまとめてインドのビルマ州とし、政務長官を置いて統治に当たらせることにした。

イギリスがイラワジ川の航行権を獲得

一八二六年に締結された通商条約を改訂して、イギリスはイラワジ川の航行権を獲得した。

再び東禅寺事件が起きる

第一次東禅寺事件から一年たった五月二十九日の夜、一人のイギリス兵が公使館に庭内を見回っていると、何者かに暗殺された。これを救おうとして駆けつけたもう一人の兵も殺された。当時、ラザフォード・オールコックは本国におり、書記のニールが代理公使だった。幕府は被害者遺族扶助料として三千ドルを与えることを申し出たが、ニールは一万ポンドの償金を主張し、結局、幕府はその額を支払った。

初の幕府留学生。

一八六三　文久三年

生麦事件が起きる

八月二十二日、薩摩藩父島津久光は帰国のため物々しい行列で江戸を出発し、生麦にさしかかった。この時、四人のイギリス人が騎馬で南から北に向かってやってきた。イギリス人は久光の駕籠まで十数間というところで行列の中に混入した。久光の駕籠の後ろにいた奈良原喜左衛門は、これを見てただちに走り寄り、二尺五寸の日本刀を抜き放ってリチャードソンの左肩の下から斜めに切り上げた。すると行列の壮士たちも大刀を抜いて他のイギリス人を襲った。リチャードソンは死亡し、他のイギリス人二名も傷ついた。この生麦事件が起こると、横浜にいたイギリス代理公使のニールはすぐに書を幕府に寄せて不法を非難し、犯人の逮捕を要求した。しかし幕府の威信は弱まっており、薩摩藩に聞き入れさせることができないので、若年寄の遠山友洋を横浜に送って陳謝の意を表し、アメリカ、フランス、オランダ三国の公使に調停を依頼した。この態度が手ぬるいとして、ニールは再び幕府に書を送り、「日本政府は生麦事件について当然の義務を怠り、薩摩侯に犯人を差し出させないとは何事か。このように、無責任に処置を引き延ばすようなことは、イギリス政府を侮辱するものである」と厳重に抗議した。

イギリスが十一隻の大艦隊を派遣して幕府を威嚇

幕府は生麦事件の解決に焦りながらも薩摩を処分することができなかった。この有様を見てニールは立腹し、本国政府に軍隊派遣を願った。そして海軍少将クーパーが率いる十一隻の大艦隊が横浜に入港。武力によって威嚇し、目的を貫こうとした。ニールは二月十九日に幕府に書を送り、「誰でも自由に歩くことができる道路で、イギリスの臣徳川慶喜入京。
文久遣欧使節。

民を殺害するとは不法も甚だしい。この罪を陳謝し、十万ポンドの償金を支払うべきである」として、以後二十日間で満足な回答が得られない場合、イギリス海軍提督は艦隊の威力によって目的を達すべく当然の行動に出るだろうと警告。幕府が犯人を捕えなければ、イギリス政府は自ら薩摩侯と交渉するために艦隊を薩摩に派遣して、犯人を捕え、イギリス士官の面前で斬首すること、被害者の親族および負傷者に分配するための二万五千ポンドの金を要求することを付け加えた。

幕府は償金の支払いに同意したが、ニールは六月二十二日、通訳官ユースデン・シーボルトを従え、旗艦ユライアスに乗り、イギリス中国艦隊司令長官クーパー率いる軍艦七隻とともに横浜をあとにして、薩摩へ向かった。

薩英戦争

六月二十七日午後二時過ぎ、イギリス軍艦七隻は鹿児島湾に入り、午後七時頃、谷山郷平川村の北東七つ岩に投錨した。二十八日朝、イギリス艦隊は仮泊地を発って小艦を先頭に湾内を進み、前の浜に至って投錨して示威行動に出た。これを見て、島津側は軍役奉行折田平八、軍賦役伊地知正治らを軍艦に赴かせ、来意をたずねた。ニールは速やかに生麦事件の犯人を差し出して死刑に処すこと、死傷者に与える二万五千ポンドの償金を出すことを要求し、かつ二十四時間以内に応じない時は断固として兵力を行使する旨を付け加えた。

薩摩藩側は藩主が霧島温泉に湯治中なのですぐに返事はできない旨を答えて同艦を辞し、その夜、再び書を送って「犯人はすでに亡命して所在がつかめない。もしこれを捕二代目駐日アメリカ弁理公使プリュイン、長崎・横浜・箱館に保税倉庫設置を要求。

幕府、歩兵屯所を江戸西丸下と大手前に設置。

幕府、騎兵隊・歩兵隊を編成。

樺太調査。

まえることができれば、すぐに知らせて取り調べを受けよう。しかし条約によると、諸外国人は諸大名の往来を妨げても差し支えないとは記されていないので、薩摩に間違いがあるとは決め付けられない。ゆえに幕府および薩摩藩の重役が立ち会いの上、そちらと論議して正邪を明らかにしたい。償金を支払うかどうかはその結果による」と答えた。

薩摩藩では決死隊を募ってイギリス艦に切り込ませようとしたが、イギリス艦の防御が堅固で目的を達することができなかった。七月二日の明け方、薩摩藩の汽船天祐代、青鷲丸、白鳳丸の三船をイギリス艦が拿捕した。薩摩の諸士はその暴虐ぶりに憤り、砂揚場、祇園州、天井波止場、その他の要塞は一斉に砲門を開いた。イギリス艦はこれに応じて砲声は天地に轟き、砲煙があたりを覆った。

イギリスの一艦パーシューズは大損害を蒙り、六十余名の死傷者を出し、船隊も損傷を受けたので、桜島の陰にある小池村方面の海上に退いた。薩摩藩でも十八名の死傷者を出し、各所の砲台も概ね破壊され、上町ほとんどすべてが火災に見舞われた。

イギリス艦隊は七月六日、谷山灘に出て損傷を修理し、四日に山川港を立ち去った。大局から見て、薩英戦争は薩摩側の勝利であった。近代的装備を誇る七隻の軍艦を撃退することができたのである。ニールは薩摩の兵が精鋭なのに驚いた。しかし薩摩側もイギリスの砲弾が自国のものよりも非常に破壊力があり、射程も長いことを知り、次の来襲に備えつつ和に応じる覚悟を決めた。

その後、十月五日になり、横浜において薩英の和議が成立した。

高杉晋作が奇兵隊結成。

長崎奉行が幕府にイギリスからアームストロング砲を輸入するよう申請。

箱館にハリス聖堂が竣功。

幕府、諸商人に交易禁止令。

ゴードンが常勝軍の司令官となる（太平天国の乱）

ウォードの死後、いったんバージェヴィンが「常勝軍」の司令官となった。中国江蘇省長李鴻章は官軍に合流して南京攻撃に参加してもらいたいと提議したが、バージェヴィンはまず彼の軍隊に給料を支払わなければ従軍するわけにはいかないと拒絶した。これとからんで上海で結成された中国人の愛国党員とバージェヴィンとの間で交渉が重ねられた結果、バージェヴィンは中国軍隊から解職された。こうして常勝軍はイギリスのホランド大尉の指揮下に入ったが、太平天国軍に急襲され太倉付近で大敗した。

ここでイギリス人チャールズ・ジョージ・ゴードン少佐が選ばれて常勝軍の指揮をとることに決まった。ゴードンは連合軍の一員として北京攻撃に従ったが、イギリス政府の許可を受けて新任務を受諾したのである。

ゴードンが常勝軍の司令官に就任した際、その軍はすでに二年の戦歴を積んでおり、兵員は戦争に熟練していた。彼は軍隊を歩兵五個連隊と砲兵一個連隊とに区分した。各連隊の兵数は六百名である。士官は国籍の一定しない外国人で下士官は中国人だった。上海を囲む三十マイルの地域は確保されたので、常勝軍はその領域以外の地域で戦うことになった。ゴードンが司令官になって第一に快勝したのは太倉であった。太倉攻略後、崑山を奪い、ここを司令部とした。ゴードンは略奪を厳禁する方針を取った。崑山奪取後の目標は蘇州だった。常勝軍が蘇州付近まで到着すると、賊軍に投じていたバージェヴィンが現れてゴードンに会見を申し入れ、二人で協力して蘇州を奪い、一気に北京に進撃して清朝を転覆し、彼らの手によって新帝国を建設しようと提議した。ゴードンはこの提議を拒絶した。

　太平天国軍は官軍と比べ、より大きな兵力を擁していた上に、忠王が南京から援軍に駆けつけたので、蘇州の奪取は容易ではなかった。しかし長期にわたる不断の砲撃によって、蘇州城内の賊軍にようやく降伏の兆しが見えたが、賊軍の一指揮官である慕王は降伏に承諾しなかった。このため賊軍には内紛が生じ、二派に分かれて激しく抗争した結果、慕王は暗殺された。ついに諸王（太平天国の長はすべて王を名乗る）は開城を決めたが、その条件はあくまで彼らの生命を保障して欲しいということだった。ゴードンはこの条件に同意し、李鴻章もまた承諾した。こうして蘇州は陥落し、李鴻章は諸王と会見したが、彼は当初の約束を破って彼らの首を刎ねた。ゴードンは蘇州攻略後、常州に転じ、ここもまた手中に収め、江蘇半島はまったく官軍の治下に入った。ついに官軍は賊軍の最後の要塞である南京を攻撃することとなった。城門の一部はダイナマイトによって爆破され、ここで官軍は城内に殺到した。城の陥落を知ると、天王と自称していた洪秀全は毒を飲んで死に、その子洪福は捕えられて南昌で殺された。太平天国軍は四散して、前後およそ十五年に及び、十六省にわたって波及した大乱は鎮定した。

　ゴードンは常勝軍を解散して中国から賜った恩賞を辞し、帰国後、さらにアフリカ遠征に加わりハルツームで戦死した。

　太平天国の反乱がまだ続いている時、関税の官吏を務めていたイギリス人Ｈ・Ｎ・レイは恭親王の命を受けて外国製の艦艇による中国艦隊を設立するためイギリスに小砲艦を発注した。八隻の砲艦はイギリスで建造され、イギリス海軍大佐ジェラード・オズボーンによって中国に回航されてきた。ところが、レイは、彼自らは小艦隊の司令官である、副司令官はオズボーンであると主張した。一方、恭親王は、この艦隊は中国艦隊であるから司令官の任免は中国側の自由でなければならず、もしそれが不可能ならば、艦隊を引き取るわけにはいかないと主張した。ついに艦隊はイギリスに返却することになり、レイは関税長を罷免されて、後任にはロバート・ハートが任命された。

一八六四

元治元年

徳川慶喜、将軍後見職を辞職。
幕府、水戸藩に攘夷禁止。
天狗党の乱。
池田屋事件。

イギリス・アメリカ・フランス・オランダの四国艦隊が下関を砲撃

長州は攘夷論の急先鋒であり、以前、アメリカ、フランス、オランダの三国の商船を襲撃し、アメリカ、フランスの軍艦と交戦した。イギリスには一度も砲撃が加えられていないにもかかわらず、イギリス大使オールコックは強硬論の音頭をとり、どうしても下関は武力によって開かなければならないと主張した。七月、イギリス軍艦十隻、フランス軍艦三隻、アメリカ軍艦一隻、オランダ軍艦四隻、合計十八隻による連合艦隊を組織し、イギリスのクーパーが総司令官となって下関に向かった。全艦隊は八月二日から三日にかけて姫島に集合し、四日田の浦に投錨した。

八月五日朝、フランス軍艦がまず砲門を開くと、長州の砲撃もこれに応じ、こうして戦闘は開始された。敵の着弾は正確を極め、関見、城山の砲台は撃破され、前田村の要塞も使用不能となり、午後五時になると長州側の要塞はまったく沈黙した。そこでイギリス艦パーシューズ、オランダ艦メデューサは前後して砲台に近づき、兵を上陸させて砲台を占領し、火門を釘付けにして引き揚げた。翌六日、長州側は昨日の敗戦に憤激して、全力を尽くして破壊された要塞を修復し、大砲の位置を変えたりした。未明になり敵艦の姿が見えると、たちまち杉谷砲台、壇ノ浦砲台から巨弾を浴びせ、イギリス艦ターター、フランス艦デュープレクスに損傷を与え、多数の死傷者を出させた。これに向

一八六五

イギリス兵士が横浜に上陸。

樺太第二次調査。

朝廷、幕府に政権を委任。

慶応元年

長州征伐。

かって敵艦隊は猛射を続けたので、さすが勇猛さを自任する長州藩の兵も砲台から退かざるをえなくなった。これに乗じて敵兵二五〇〇は上陸し、各砲台を占領し、激戦二日、八月八日になって弟子山、山床の二つの砲台も奪取された。

ここにおいて長州藩も和議を決意し、高杉晋作を送って和を講じさせた。高杉がクーパーと成立させた和議の条件は次のようなものだった。

一、石炭、食物、薪水、その他船中で必要な品物を快く売り渡すこと。

一、風波の難に遭った時は妨げずに上陸させること。

一、新規の台場を作らず、古い台場を修理せず大砲を置かないこと。

一、若干の償金を出すこと。

イギリス、フランス、オランダの軍艦が大阪湾で示威

九月十六日以来、イギリス、フランス、オランダの軍艦は突如大坂湾に入り、京坂方面の人々に脅威を与えた。オールコックに代わって駐日公使となったハリー・スミス・パークスが主唱して、横浜開港の勅許を幕府に迫り、それができなければ直接朝廷に訴えようとしたのである。幕府は三国側が直接勅許を願うことに猶予を乞い、いろいろと奔走した結果、十月七日、老中松平宗秀、外国奉行山口直毅らに命じ、「兵庫開港のことは現在許すことができない。適当な時期を待って欲しい」旨を言明させた。兵庫開港はこれから二年後の慶応三年となっていたのである。したがって外国側の要求は非常に理不尽なものであり、彼らも強いて異議を唱えず、十月八日、それまでまだ下されていなかった開港勅許に満足して兵庫を引き揚げた。

一八六六

慶応二年

薩長連合の盟約成立。

寺田屋騒動（坂本龍馬襲撃事件）。

樺太国境交渉。

慶喜十五代将軍となる。

ニュージーランドの土地改正法

一八五三年に南アフリカのケープ植民地総督に転じたジョージ・グレイは一八六一年にはニュージーランドの首都をオークランドからウェリントンに移し、マオリ族の反英的姿勢を鎮め、財産の取得に努めた。しかしマオリ族の反感は依然として変わらないので方針を変え、マオリ族にイギリス人と同等の権利を与え、また土地法を改正して地権審検所を設け、マオリ人とイギリス人からなる合議体として四人のマオリ人代議士を議会に送った。これによってマオリ人の反感は和らいだが、同等の権利とは名ばかりで、なんら実質的な発言権を持たなかったことは言うまでもない。

改税約書調印

兵庫に軍艦を回航したイギリス、アメリカ、オランダ、フランスの四国は、条約勅許を得たので一八六五年十一月、江戸で税則改訂の商議に入った。イギリス公使パークスは中国における税則に準じて、それまでの値であった五分を基準とする従量税を設けることを主張し、貿易上の制限撤去や便宜付与に関する諸規定をも加えるべきであると主張した。これに幕府が難色を示すと、パークスは、これを承認しなければ償金延期を認めないと威嚇したので、一八六六年五月十三日、日本にとって極めて不利な改税約書が老中水野忠精と四国代表との間で調印された。

パークスが薩長に接近

改税約書締結後、フランスが幕府に接近していたが、イギリス公使パークスは本格的

一八六七

慶応三年
大政奉還。
パリ万国博参加。

一八六八

明治元年
大阪、新潟開港。
東京を首都と定める。
明治二年、北海道移住。
明治四年、琉球を鹿児島県へ編入。

に薩摩、長州への接近を計画し、五月末に横浜を発って六月十六日に鹿児島に入港し、藩主父子と会見、また西郷隆盛らと政治的な意見交換を行い、この年の末にはイギリス艦隊司令官キングが三田尻に赴いて長州藩主と会見した。この前後、幕府を支持するフランス公使ロッシュと、薩摩、長州、土佐を支持するイギリスとの間には猛烈な外交戦が展開され、結局、イギリス側が勝利を収めた。

マレー海峡植民地が造られる

イギリスは、ペナン、ディンディング、マラッカ、シンガポールを合併して海峡植民地を構成した。

アメリカと中国の間でスワード条約成立

カリフォルニアにおける中国人排斥はしだいに顕著になったが、なお労働者が不足していることから中国人移民は歓迎された。この地の工業的発展を期すためには急いでアメリカ大陸横断鉄道を完成させる必要があり、自由に安い労働者を得なければならなかった。そこで国務長官ウィリアム・ヘンリー・スワードは、中国と条約を締結して中国の住民の自由移民権を承認した。

日本人移民がはじめてハワイに渡航

この年約一五〇名の日本移民がはじめてハワイの土を踏んだ。しかし労働条件がよくなかったので、明治十七年まで渡航する者はほとんどいなかった。

一八六九 明治二年
版籍奉還。

政府軍とフランス軍による箱館戦争

一八七二 明治五年
岩倉遣欧使節団。
陸軍省・海軍省設置。
明治政府の命令で琉球藩とされ、琉球王国が滅亡（第一次琉球処分）。

アメリカのミード大佐、ウポル島の部族長と保護条約を締結

アメリカのワイクスが南太平洋を探検して三十三年経過したこの年、南太平洋にアメリカ艦隊の基地を求めるために派遣されたミード大佐は、独断でウポル島の部族長と保護条約を結んだ。しかし、アメリカ国内には軍部の積極政策に理解を示さない者がおり、アメリカの南太平洋侵略はモンロー主義に反すると説く者がいたばかりではなく、イギリス、ドイツ両国から猛烈な抗議が出された。イギリス、ドイツ両国は太平洋方面の植民地獲得に熱中していたのである。こうして、この諸島の領有をめぐってイギリス、ドイツ、アメリカの三国が抗争を開始した。

一八七三 明治六年
東京・長崎間電信竣工。
琉球藩が日本・清国両属を要請し承認を得る。

オランダがスマトラのアチェ族を討伐（アチェ戦争）

インドネシア・スマトラのアチェ族はもともとニアス島から移住してきた種族だが、彼らが定住したアチェ地方は比較的交通が便利な地点にあるため、古くから諸民族の来訪も多く、マレー、ビルマ、インド、アラビア、エジプトなどの諸族と混血し、聡明で素直、仕事には非常に熱心である。性質は強く、深くイスラム教を信仰していた。オランダはアチェ族が治下に服さないことから、一八七三年アチェ討伐を開始し、貴重な人命と五億ギルダーの軍費を費やし、一九〇三年にはじめて部族長をオランダの政権に服従させることができたのである。

一八七四

明治七年

初の政党結成。

台湾の役。

清国が日本の台湾出兵に抗議。

台湾から撤兵。

パンコール条約成立

錫鉱が発見されたペラ州のラルト地方に中国人の暴動が起こったことを好機に、海峡植民地総督アンドリュー・クラークはパンコール条約の締結を要求し、以後、ペラ州には政治、経済、財政の行政顧問であるイギリス人駐在官を置くことになった。同時に一八二六年に奪取したパンコール島の対岸ディンディングス地方をイギリス領とした。

セランゴールがイギリスの保護国となる

一八一八年、セランゴールのサルタンはペナンでイギリス東インド会社と通商条約を結んだが、一八七四年になり、イギリスは同国の内政が乱れ海賊がはびこっていることを指摘し、自国の保護下に置いた。

ビルマ・イギリス領事マーガリーが殺害される

一八六二年、イギリスはビルマ王と条約を締結したが、この条約を締結したイギリスの意図は、山岳地帯の中国とビルマの国境を確定し、雲南への貿易路を開拓することにあった。この目的を達成するためにスラーデン大佐を隊長とする探検隊が派遣されたが、バーモで帰還を余儀なくされた。一八七四年、イギリス政府は、ブラウン率いる第二次探検隊を組織し、バーモから雲南に向けて出発させようとした。また中国駐在領事オーガスタス・レイモンド・マーガリーを通訳兼案内人に任命した。マーガリーは中国側から雲南を越えてバーモでブラウン大佐の一行と合流し漢江に出る予定だった。マーガリーは中国横断の旅を終え、予定した場所でブラウン大佐の一行と会見したところで、山岳地帯に武装した住民が彼らを襲撃しようと計画していると聞き、真偽を見極めようと勇敢に前進したが、中国側に入るやいなやすぐに殺害され、彼を追いかけてきたブラウン大佐の一行も住民の襲撃を受けて追い返された。

フィジー諸島、イギリス領となる

オランダの航海家アベル・タスマンが一六四三年に発見し、その後、ジェームズ・クックをはじめ多くの航海家が寄港したオセアニアのフィジー諸島は、先住民が勇猛で白人の侵入を激しく拒否したので、探検や詳細な観測を試みる者はそれまでなかったが、一八七四年、イギリス領に編入された。フィジーの先住民はかつて太平洋で最も粗野な人種とされていたが、現在では老獪なイギリスの植民政策によって完全に往年の意気を失い、宗教なども固有のものを捨ててキリスト教を信仰する者が多い。イギリス政府はフィジー諸島の開発に当たって、オーストラリア、ニュージーランドなどと同様に流刑植民政策をとってきたが、現在では廃止している。フィジー人はメラネシア人とポリネシア人の混血で、約十万人おり、全人口の半分を占める。

一八七五
明治八年

明治八年、冊封・朝貢の廃止などを中心とする琉球処分指令が出る。
日露の国境制定。
元老院開院。
江華島事件。
朝鮮軍艦派遣。
樺太・千島交換条約。

アメリカ、ハワイで独占的な商業上の特権を獲得

アメリカ政府はハワイ政府と条約を締結しロシアとの境界を定める。独占的な商業上の特権を得て、同時に他の国への租借その他の手段で領土を割譲しないことを約束させた。

一八七六

明治九年

廃刀令。

ベルツ医師来日。

日朝修好条規。

琉球の裁判・警察権を内務省所管とする。

芝罘協約成立

北京のイギリス公使トーマス・ウェードは雲南事件（マーガリー事件）を重視し、マーガリーを殺害した犯人の逮捕に努力を続けた。イギリス側は雲南省長の岑毓英に責任を取らせたい意向を持っていたが、中国政府は省長をあくまでかばい、犯行を敢えてした者はこの地方の住民であって、彼らはこの地方が外国貿易の通路となることを極端に嫌っていたのだから、まったく不可抗力だと述べた。こうして三人の中国人と三人のイギリス人からなる調査委員が雲南に派遣され、この地の事情を調査したが、実情は結局判明しなかった。トーマス・ウェードは総理府を長期間にわたって折衝し続けたのち、中国側委員李鴻章と芝罘協約を結んだ。芝罘協約の主要な条項は次のとおりである。

一、中国側はマーガリーその他の士官殺害の慰謝ならびにイギリスが雲南事件処理のために要した費用の賠償として二十万両を支払うこと。

二、中国側はこの一大不祥事に遺憾の意を表明するために、中国皇帝の使節をロンドンに派遣すること。

三、アヘン貿易に関する新たな協定として、アヘンが輸入される際には、イギリス商人はその旨を関税に通報し、保税貨物として寄託（保管）され、輸入者はその期間中、保管料を払わなければならない。この際、中国側が支払う金は釐金（清朝末期の地方税）であること。

四、中国政府は外国船舶の入港に関する諸規定を統一すること。

五、宣昌、蕪湖、北海、温州の四港を新たに貿易港に加え、揚子江に臨む六港は外国貨物の陸揚げを許すこと。

各省庁行政改革。

アイヌに改名命令。

アメリカ議会、中国移民調査団をカリフォルニアに派遣

カリフォルニアにおけるゴールドラッシュ時代の好景気は必然的に不景気に転じ、労働力不足は労働力過剰に変わった。

カリフォルニアの失業者は、中国から来る下層労働者や契約移民との競争に脅威を感じ、ますます排斥運動を強化し、アメリカ議会に新しい移民法を制定しようと運動したので、年末、議会は調査委員をカリフォルニアに派遣した。委員たちは十八日間サンフランシスコで調査を行った結果、「同化不可能な中国人の氾濫のため、カリフォルニアの白人人口は危険にさらされている。アジア人のアメリカへの大量流入を制限すべきである」と報告した。

インド協会成立

イギリス側は、インド人とイギリス人は平等であると唱えていたが、実際には、インド人はイギリスの海外領土で劣等民として差別待遇を受けるばかりか、インド内でも劣等視され圧迫虐待されていた。その上、インドに対する施政はイギリス本位だったので、インド人の不平はしだいに深刻化していった。時勢を嘆くインドの志士はカルカッタに集まり、教育家であり雄弁家であったバナルディらの手によって政治の改新を目的とするインド協会が組織された。

リットン総督時代

インドの民衆の心はしだいにイギリスから離れていったが、リットン総督の時代は綱

紀が非常に乱れ、官吏には私腹を肥やす者が多く、人民は重税に苦しみ、イギリスに対する不平と反感は深刻化した。

一八七七

明治十年

明治十年、国立銀行設立。西南の役。

イギリス王、インド国王の称号を並称する

一八七八

明治十一年

紀尾井坂の変。大久保利通、刺殺される。

中国人移民制限法がアメリカ議会を通過

アメリカ議会はカリフォルニアに上陸できる中国人移民の数を一船につき十五人以内に制限する法案を通過させた。

ビルマの反英感情が悪化

この年、ミンドン・ミン王が死亡し、その子ティーボー王が即位したが、それに際し、王位継承問題をめぐって激しい争いが起こった。すでにイギリスは強大な勢力を振るっており、この問題に干渉したので、国民の反英感情は一段と激化した。

一八七九

明治十二年

明治政府、琉球を鹿児島県へ編入。沖縄県設置。王族士族の抵抗を退ける（第二次琉球処分）。

ビルマのティーボー王、多数の王族、高官を極刑に処す

ビルマ・コンバウン王朝のティーボー王は后の言葉に従って、反対派の王族や高官を多数極刑に処し、ビルマには一種の恐怖時代が到来した。イギリス人はこうした王の態度を咎め、痛烈な非難を浴びせたので、ビルマ王朝の反英態度は強まり、イギリスを牽制する目的でフランス、イタリアなどの代表官を優遇し、官営専売法を発布してイギリス人の通商を不利にした。

明治十三年、君が代完成。

靖国神社創建。

イギリス、マンダレー駐在官の召還を命ず

ビルマ政府の露骨な反英政策に憤激したイギリス領インド政府は、マンダレー駐在官に召還を命じた。王宮の態度がこのようなものだったので、民衆の反英熱はいよいよ高まり、イギリス領ビルマに近接した地域では、迫害を受けるイギリス人が少なくなかった。イギリスは厳重な抗議を申し送ったが、ビルマ政府はあえて取り合わなかった。

一八八二

明治十五年

日本銀行設立。

マレー半島のパハン、イギリスの保護領となる

一八八四

明治十七年

秩父事件。

朝鮮で甲申事変。

インド総督リポンのイルバート案が廃案となる

アメリカが海軍基地をハワイ真珠湾に構築する権利を獲得

インド国民会議が発足

カルカッタ国民大会の決議に基づき、バナルディが会長となりインド国民会議を結成。イギリス人ヒュームを顧問として迎えた。年一回交代でインド各州の首都で開催し、施政の改善に関する多くの決議を行ったが、ティラクを首領とするヒンドゥー教急進派が過激な排英論を鼓舞し、インド革命運動の中心となった。

一八八五

明治十八年

伊藤博文内閣。

第三回ビルマ戦争勃発

この年、ビルマ政府はイギリス人政府の経営によるボンベイ・ビルマ貿易会社に対し内閣制度制定。
小笠原諸島定期便。
日本・中国、天津条約調印。
福沢諭吉「脱亜論」。
東京湾漁業組合設立。
預金規則制定。
日本経済界設立。
日中両国、朝鮮から撤兵。
イギリスが朝鮮・巨文島を占領。

て、法規違反を理由に二百三十万ルピーの罰金を科した。インド政府はこの問題の調停を申し出たが、同年十月九日、ビルマ政府は無条件拒絶の回答をラングーン駐在のイギリス当局に手渡し、イギリス人追放の命令を発した。ビルマ側がイギリス貿易会社をなぜ強圧したかというと、ティーボー王はフランスの勢力を利用してイギリス勢力を駆逐しようとし、武器の輸入を図ったが、武器を同国内に持ち込む唯一の港はラングーンだった。イギリス側は以前からこのことを知り、手配を整えていたので、装備を施した多数の船を押収してイラワジ川によるマンダレーへの輸送路を遮断した。

ビルマ側はこれに報復しようとボンベイ・ビルマ会社に罰金を申し渡したのである。インド政府はただちに約一万の兵をビルマの西境から出動させるとともに、イラワジ川を遡航させてマンダレーを突かせたので、十一月二十八日、マンダレーは陥落し、翌日ティーボー王は捕えられてラングーンへ送られた。

この第三回ビルマ戦争によってビルマ・コンバウン王朝は滅亡し、一八八六年、イギリス領インドに合併された。ビルマ王国最後の王となったティーボーはボンベイ南方に移されて、憂え憤りつつ三十年後の一九一六年六月に病死した。

日本の契約移民がハワイに送られる

日本移民の優秀性を知ったハワイ政府は、日本政府に交渉して移民の入国を求めた。日本政府はこれに応じて一八八五年（明治十七年）、第一回の契約移民を送り、以来十年間に二十六回、日本の移民がハワイに送られた。総数約三万人である。

一八八六

明治十九年

イギリスと中国、北京協商成立

中国は以前からビルマの宗主権を主張していたので、イギリスは北京で協議し、イギリスのビルマに対する領土権を中国に認めさせ、境界や通商に関して条約を締結した。

一八八七

明治二十年

伊藤博文枢密院議長就任。

黒田清隆内閣成立。

国税・地方税制定。

山県有朋内相欧州外遊。

ヌグリ・スンビランがイギリスの保護領となる

ヌグリ・スンビランの全州の面積は二五八〇平方マイルに過ぎないが、九つの小国からなっている。住民の大部分はスマトラのミナンカバウ地方からの移民で、母系社会の構成で有名である。一八七七年に九国のうち最も強大だったスンゲイ・ウジョンがイギリスの援助を受け駐在官を入れるようになると小国も之に倣い、一八八七年、完全にイギリスの保護国となった。

イギリス、ドイツ、アメリカがサモア王位継承問題に干渉

この年、サモアの部族長が死亡し、王位継承について内乱が起こり、二派に分かれて争われることになった。ドイツがある一派を援助し、アメリカとイギリスが連合して他の一派を援助した。

一八八八

明治二十一年

黒田内閣。

イギリス、インド洋のクリスマス島をオーストラリアに合併

アメリカ、全中国人労働者の入国を禁止

この年以前、アメリカでは太平洋岸一帯で中国人の圧迫が強化され、中国人とアメリ

カ人との裁判沙汰が頻発しており、一八八七年には暴徒が蜂起して中国人を殺害した。中国外交部は在留中国人に対するアメリカ人の不当な処置を非難し、もしアメリカが中国人労働者移民を禁止する場合には、賠償すべきであると迫った。ところがアメリカ政府はこれを逆用し、一八八八年に新たに中国と条約を締結して、向こう二十年間、中国人労働者の入国を一切禁止することにした。高圧的手段によって中国側の主張を押さえつけたのである。

一八八九

明治二十二年

山県有朋内閣。

大日本帝国憲法発布。

東京市制施行。

サモア諸島の領有

サモアの王位継承に関して、アメリカ・イギリス連合側と、ドイツ側が互いに主張を固辞して譲らず、翌年になっても事件は解決しなかったが、三国がベルリンに集まり一八八九年六月十四日、アメリカ・イギリス側が擁立している部族長を王とし、三国の保護のもとに中立を保たせることに決定して一応領有問題は解決した。この間に興味深い難破事件が起こった。この年の三月、サモア諸島一帯を猛烈な台風が見舞った。折からウポル島のアピア港にはアメリカ、イギリス、ドイツの三国の軍艦が投錨していた。アメリカ、ドイツの軍艦は先住民の内紛を防ぐために陸戦隊を上陸させようとしており、イギリス軍艦カリオープは両国の軍艦の行動を注視していた。熱帯といっても、アピア港はサンゴ礁に包まれてできていたが、現代のように近代的な港湾設備が整えられていない時代のことなので、港口から港の奥まで八〇〇ヤードの長さしかなく、港内は船ですし詰めとなっていた。

アメリカ軍艦はトレントン号（三九〇〇トンの蒸気コルベット艦、キンバレー少将座乗）ニプシック号、ヴァンダリア号の三隻、ドイツは軍艦オルガ号（二一三〇トン）一隻と、アドラー号、エーヴァ号の二砲艦で、このほかに商船六、七隻と数多くの小船が錨を並べていた。台風が襲ってきたのは三月十五日の金曜日だった。気温が急速に下がっていったので、嵐が近づいたことは誰にもわかっていた。普通であれば気温の低下とともに安全な沖へと避難するのだが、各国の司令官は互いに腹を探り合っているので、この港から錨を上げて出港することは、自国の権利を放棄するような気がしてできなかったのである。前触れがあったように、いよいよものすごい台風が襲ってきた。しかし、逃げ出すには遅すぎた。

どうにか難を逃れたのは、ケーン艦長が指揮するカリオープ号だけであった。この艦でさえ航海長のピアソン少佐ができるだけ早く港外に出ようと力説したのに対して、ケーン艦長は「ドイツ、アメリカの軍艦が港外に出ないのに本艦だけが出るわけにはいかない」と反対した。ピアソン少佐は中央の帆柱を取り外し、帆桁を下ろし、十分にボイラーを焚いて蒸気を蓄え、台風の来襲に備えた。夜になると風が吹き出し、更けるにしたがい、いよいよ風の勢いは猛烈になってきた。予想よりもはるかに大きな台風だった。明け方近くになって三隻の船が衝突し、吹きすさぶ嵐の中からその凄惨な音が聞こえてきた。午前五時になると台風の勢いは頂点に達し、カリオープ号はサンゴ礁間近まで吹き寄せられた。六個のボイラー全部に火を入れてサンゴ礁を離れようと努めたが、何の効果もなかった。この時、ドイツの砲艦エーヴァ号は大音響とともにサンゴ礁に打ち上げられ、大波に洗われる細長いサンゴ礁を一滑りして向こう側の海に突入し、一瞬のうちに沈没。八十名の乗員のうち七十六名が死亡し、四名だけが助かった。

夜が明けるとアメリカ艦トレントンだけが港の入り口間近におり、その他の船はすべて港の奥に吹き寄せられていた。しかし風はいよいよ激しくなり、ニプシック号は砂浜に乗り上げ、午前八時になるとアドラー号の舵がこわれて激しい波に飲まれ、オルガ号とヴァンダリア号は船腹を岩礁にたたきつけた。始めから台風に備えていたカリオープ号だけは他の軍艦よりも立ち直りが早く、ヴァンダリア号がサンゴ礁に打ち上げられるのを見て港外脱出に努め、かろうじて成功。やがて台風の外に出ることができた。

この遭難事件に居合わせた文豪ロバート・ルイス・スティーブンソンがこう記している。「運命的な波に乗った瞬間、あらゆる錨は一斉に断ち切られた。浮き上がった船腹は風を食らった。海はアドラー号を一気に持ち上げ、猛然たる勢いでサンゴ礁の頂に投げ落とした。威容も今は空しく、礁上に横向きに倒れ、竜骨を折って激浪に包まれた。……こうして嵐は去った。和やかな天気。雲一つない空。アドラー号は乾上ったまま高々と横たわっている。飛沫さえかからない。ここ一千マイルの圏内では最大の人工建築物であるアドラー号が、まるで棚の上の小学生の帽子のように無造作に投げ出され、卵のようにこわれてしまっているのだ」

アメリカ、イギリス、ドイツの軍艦が台風に遭った。悲惨で皮肉な遭難事件まで起きて、選び出された国王は十年もたたないうちに原因不明の病気で死亡し、サモアでは再び後継者をめぐって内乱が起こり、形勢は十年前に戻ってドイツ側が擁立する王とイギリス・アメリカ側が擁立する王とが対立した。そこで関係三国は再びベルリンで会議を開き、イギリスはこの諸島に対する領土的野心を放棄し、ドイツとアメリカがサモアを分割し、西経百七十一度を境として以西をドイツ領、以東をアメリカ領と定めた。イギリスはこの島の権利を放棄した代償として、まだ帰属がはっきりとしていなかったソロモン諸島を得て、アフリカにおいても利権を収めたのである。第二回ベルリン会議が成立したのは一八九九年十一月十四日である。旧ドイツ領はニュージーランド委任統治領となっている。アメリカ領となったあと、アメリカがここに海軍根拠地を築いたことは言うまでもない。したがって海軍根拠地司令官がアメリカ領サモア諸島の知事を兼ね、大統領となって任命された。住民はポリネシア人だが、アメリカ化が徹底しており、六歳以上の児童に英語で初等教育を行っているので、すでに住民には往年の意気がない。

一八九〇

明治二十三年

帝国議会開設。第一回帝国議会。

民事訴訟法制定。

インド・シッキム国がイギリスの保護国となる

インドの北境にあるシッキム国（ネパール）はもともとチベットの一部と見なされていたが、イギリスは同国がインド側に属することを主張し、ここに同国の領有をめぐってイギリスとチベットとの間に争いが起こった。中国政府は一八九〇年、条約を締結してシッキム国をイギリスの保護国とすること、インド・チベット間の貿易発展を助けることに同意した。

一八九二

明治二十五年

伊藤内閣。

アメリカ移民局、日本人労働者の入国を拒否

アメリカ移民局は、カリフォルニアおよびオレゴンに向かう船への日本人労働者の乗船に反対した。日本の外務大臣は関係各県の知事に、アメリカへの契約移民の出発を中止させるよう通達した。こうして日本は海外での問題を避けるために自国の移民輸送を抑制したが、アメリカが日本人移民を国内法によって処理する権利を承認するのには反

初の国産蒸気機関車。

軍艦千島、イギリス船ラヴェンナと衝突沈没。

対だった。日本人移民が渡米し始めたのは明治十七年頃からのことだが、明治二十年頃になると二千名前後になり、カリフォルニアのサンフランシスコを中心に家庭労働などの労働に従事した。日本人移民は民族特有の勤勉さ、器用さ、正直さで雇用者から歓迎され、賃金も一般的な移民より高率で払われていた。その収入は日本国内に比べて格段に高額だった。この事実が一つの刺激となり、日本国内に渡米熱が高まっていた折、アメリカでは太平洋岸の鉄道敷設とカリフォルニアにおける農園開拓に伴い、労働者の急激な需要が生じたので、サンフランシスコや北部諸州に向けて渡航する日本人の数が年々増加。明治二十七、八年頃にはカリフォルニア州をはじめワシントン州、オレゴン州、ユタ州、アリゾナ州、ニューメキシコ州にわたる在留日本人の数はおよそ一万五千を数えるまでになった。こうして一部のアメリカ人労働者やこれを扇動するアメリカ人の間に排日の空気が醸成されたのである。

ビルマとタイの境界確定

ビルマのシャン地方とタイの国境は不明確だったので、イギリスはこの年、タイと折衝して国境を確定した。

ギルバート諸島、エリス諸島などがイギリスの保護領となる

赤道直下のギルバート諸島、エリス諸島、大洋島、ファニング島、ワシントン島、クリスマス島からなる植民地は一八九二年、イギリスの保護領となった。一九一五年十一月十日、ギルバート・エリス諸島は植民地として単一行政単位となっている。フィジー在住の西太平洋高等弁務官の管轄に属し、駐在官が大洋島に駐在して実際の統治に当たった。

一八九三

明治二十六年

ハワイで革命勃発

デイヴィッド・カラカウア王のあとを継いでハワイの王位に上ったリリカラワニ女王は、外国人とくにアメリカ人の勝手な振る舞いを嘆いて憲法を改正し、王権を伸ばそうと企てたが、かえって外国人に付け入られることになった。一月十四日、女王は前年八月からホノルルに停泊していたアメリカ軍艦ボストンに乗船、十日の予定でヒロに向けて出航した。アメリカ公使ジョン・S・スティーブンスも同乗していた。スティーブンスは熱心な併合主義者だったので、ホノルルに政治的暴動を起こさせる機会を与えるためにこの旅行を計画したと言われている。事実、ボストンがホノルルを出ると、ただちに革命行動が勃発した。機会を逃さずホノルルに帰ってきたスティーブンスはアメリカ国務省に向けて「ハワイの梨は完全に熟した。今こそアメリカがそれをもぎとる絶好の機会である」と打電し、併合主義者への注意を喚起した。スティーブンスはボストン艦長ウィルツにアメリカ人の生命財産の保護を求めていたので、ただちに同艦から軍隊が上陸し、街路を更新して戦略的要地である政府建築物付近に陣取った。アメリカ軍隊が上陸した翌一月十七日、治安委員会は政府の建物を占領し、王政の終わりと臨時政府の組織を宣言し、「アメリカと交渉を行い、新たな協定に達するまで」その任務を遂行する旨を公布した。新政権の中心人物はサンフォード・B・ドール判事だった。彼はハワイ生まれのアメリカ人宣教師の子孫で、ハワイとアメリカ本土で教育を受け、島民の生取引所法制定。
弁護士法制定。
日清協会設立。
日本からインド・ボンベイへの航路が開業。

活とアメリカ人の生活とを熟知していた。

ハワイ女王、アメリカに抗議

革命派の強圧によって退位したリリカラワニ女王は、アメリカのハリソン大統領に宛てて、革命が起きたのはアメリカ公使の計画とアメリカ海軍の干渉によるものであると抗議した。アメリカ大統領は女王の抗議を無視して回答しなかった。一方、ホノルルではアメリカの旗が掲げられ、保護国であることが宣言された。アメリカ政府は、この事実を関知していなかった。

在留邦人保護のため帝国軍艦浪速がホノルルに入港

二月二十三日、日本の軍艦浪速がホノルルに入港したが、当時のハワイは蜂の巣をついたような騒ぎの真っ最中だった。国家主義者や愛国者はリリカラワニ女王を再び王位に就かせようと熱心に運動しており、一方、アメリカ人たちは夜を日に継いで臨時政府の権力を強化し、王政復興の陰謀を妨害していた。浪速の艦長は東郷平八郎大佐だったが、東郷大佐は士官を集めて陸地の混乱に巻き込まれないように慎重な態度をとるよう命令し、とくに若い士官には言動を慎むよう訓戒した。浪速の到着について「日本がこの諸島を熱望していることは疑う余地のないところで、諸島を日本の勢力範囲とするために日本皇族とカイウラニとの結婚を目論んでいる。浪速の艦上には小松宮という若い皇族が乗り込んでおられ、日本政府は上記の目的を達するためにハワイに浪速を派遣したのである。小松宮は極めて丁重な教養の高い紳士で、およそ二十五歳である」というデマを飛ばした新聞もあった。また「アメリカがこの諸島の主権に対して強い主張を維持している限り、他の国からのいかなる干渉に対しても安全だが、もしこの主張が撤回されるとすれば、日本がハワイの梨をもぎとろうとするに違いない」と喚き立てた新聞もあった。しかし浪速艦隊は、こうした噂に静かに耐えていた。

その後、浪速はおよそ二か月間ハワイに滞在し、五月十一日に母国に向かった。この期間、東郷大佐の人柄を示すひとつの事件が起こった。マウイに居住する日本人の一人、今田与作は殺人罪でホノルル近くのサンゴ礁にあるオアフ監獄で二十一年間の苦役に服するよう言い渡された。彼はサンゴ礁上の懺悔所を出て検疫事務所で働くために市街に向けて出発したが、その途中で海中に飛び込み、浪速の舷門に泳ぎ着いた。

ただちに水兵が引き上げて、そのことを東郷艦長に報告した。東郷艦長は黙って水兵の報告を聞いていたが、「よし」と一言いって今田与作の乗艦を許した。警官を乗船させたボートが浪速に到着し、罪人の引き渡しを求めたが、東郷艦長は「私は日本人全員を保護するためにここに来たのである。諸君に日本人を引き渡すわけにはいかない」と述べて応じなかった。

ホノルル当局は司法権への干渉であると激怒し、新聞紙も喚き立てたが、東郷艦長は沈黙を守った。ホノルル当局は東京に働きかけ、今田の引き渡しに同意させたので、東郷艦長もついに犯人引き渡しに同意せざるを得なくなったが、その際、藤井領事と領事館員に対して、「私は命令には従わなければならないが、貴下も知るように、この罪人は日本人であり、彼が保護を必要とする場合には庇ってやるのがわれわれの義務である。私はハワイ政府の官憲に引き渡すのではなくて、日本の代表である貴下に引き渡す

一八九四

明治二十七年

明治二十八年

日清戦争。

日清講和条約締結（下関条約）。

中国が遼東半島、台湾、澎湖諸島などの主権を日本に割与。

台湾総督府設置。

日本の遼東半島領有をめぐり、ロシア・ドイツ・フランスによる三国干渉。

イギリス外相、三国干渉について日本に協力できないと通達。

のである。もし貴下が彼を引き渡すのであれば、私の目の届かないところで引き渡してもらいたい」と言った。東郷元帥の面目躍如たる逸話である。

なお軍艦浪速はいったん母国に帰ったあと、その年の十一月十四日に品川沖を出航し、十二月一日、再びホノルルに到着した。ホノルルにはアメリカ軍艦フィラデルフィア、イギリス軍艦チャンピオンが投錨していた。

ドールを代表とするハワイ共和政府は革命第一回記念日を公表した。外務大臣は各国軍艦を訪問して国祭日の祝砲を打ち、満艦旗を施してこの祝典に参加する意を表明するよう求めた。しかし東郷大佐は日本政府がドール政権をまだ承認していないので、この招請を断る一方、初任のイギリス将校にも祝典不参加を通知した。祝祭当日の一月十七日には、陸上で大きな催しが行われていたが、浪速は普段と変わらない静かな姿で浮かんでいた。

軍艦浪速は一八九四年四月二日、ホノルルを出航して母国に向かった。

ハワイ共和国の成立を正式に宣言

ドール判事を大統領とするハワイ政府は五月に憲法会議を開き、七月四日にハワイ共和国の成立を正式に宣言した。

再びビルマ・タイの国境を確定

一八八六年の協定による国境線にはまだ不明確な点があったが、この年に明確にされた。

一八九六

明治二十九年

松方正義内閣。

三陸大津波。

ハワイのリリカラワニ女王、投獄される

ハワイの王政を復活させたいと熱心に画策していたハワイ女王は、この年の一月、共和国政府に投獄された。その後、女王は共和国の意に従うことを誓い、間もなく大赦によって釈放された。

オーストラリアが日本人の自由渡航を禁止

一八六一年の移民排斥法は中国人だけに限られていたが、有色労働者の移住を徹底的に禁止することになり、この年以後、オーストラリア各州は日本人の自由渡航を禁止した。オーストラリアは自国を白人一色に塗りつぶそうとするいわゆる白豪主義で、有色人種の土地を侵略しておきながら有色人種の入国を禁止するのであり、非常に言語道断な政策である。

日本が再び軍艦浪速をハワイに派遣

ハワイ共和国政府はこの年の三月、数千人の日本移民の入国を拒絶し、日本に返送したので、日本政府は厳重な抗議をホノルルに提出し、その擁護のために政府役人、新聞記者、移民会社の代表らを乗船させて軍艦浪速をハワイに派遣した。五月五日から九月七日まで、浪速はホノルル港に停泊し、一方、日本政府は移民が被った損害と船会社に対する賠償を求めた。今回の艦長は東郷大佐ではなかった。日本の軍艦のハワイ派遣を知り、アメリカの領土拡張論者は一日も早くハワイ併合を実行しようと躍起になった。

アルフレッド・マハンはこう述べている。

一八九七

明治三十年

明治三十年
台湾アヘン令。
東京と台湾間に電信設置完了。
貨幣法公布。
金本位体制実施。

「もし手段さえ整えられれば、私は明日にでもハワイ諸島を併合するだろう。万一それが不可能ならば保護国とするだろう。私は太平洋岸の事態をできる限り速やかに落着させようと望んでいる。私の信念に従えば、一隻の日本新軍艦が本国を去らない以前に、即刻行動すべきである。詳細な点はあとの行動に委ねるとして、まず私は諸島にわが国旗を掲げたいと思う。私は日本からの危険を痛感している」

またアメリカ国務長官はホノルル駐在アメリカ公使にこう打電した。

「もし日本が公然と武力を用い、軍事的占領あるいは公共財産を支配下に置くようなことがあれば、貴下はこの地の政権および提督と協議の上、所要の兵力を上陸させ、ハワイとアメリカとの間に目下進行中の併合条約に基づき、一時的に諸島を保護国とする旨を公表し、同時に第三国が設定している諸権利は尊重されるだろうと宣言せよ。しかし、この緊急措置を予期せず、あくまで慎重な態度を維持して軽挙を慎み、日本の敵意を挑発するような一切の行動を避けるべきである。貴下の行動は友好的態度で一貫し、平和的結果をもたらすことに専念されたい」

イギリスがビルマを準知事の管理下におく

ビルマはそれまで政務長官の管理下に置かれていたが、昇格して準知事に統治されることになった。

雲南・イギリスがビルマ間の鉄道敷設権を獲得

ビルマを併合したイギリスは、以前から同地より中国に進出する通路を得ようとしていたが、日清戦争後、中国の国力衰退に乗じて、いちはやくビルマ・雲南間の鉄道敷設権を獲得した。

一八九八

明治三十一年

伊藤、大隈重信、山県内閣。

韓国の支配権に関する西・ローゼン協定調印。

ロシア・ドイツによる中国分割に反対する衆・貴両院集会。

戸籍法。

日本、アメリカのハワイ併合に抗議

この年の六月十六日に調印され、アメリカ上院の批准承認を急いでいるハワイの併合条約に対して、日本は厳重な抗議をアメリカ政府に提出した。その要旨は次のとおりである。

一、ハワイの現状維持は太平洋に利益を持っている列国の友好的了解に対する本質的要求である。

二、ハワイの条約、憲法および法律によって保護されているハワイ在住の日本人の居住権、商業権および工業権は、アメリカのハワイ併合によって危険にさらされるだろう。

三、このような併合は、条約によって日本が現在ハワイに持っている権利並びに義務の取り決めを遅延させるだろう。

シャーマン国務長官は、日本人移民がハワイに設定している権利は主権の移譲によって妨害されることはないだろうと強調した。

一八九七年の夏から年末まで、日本はアメリカのハワイ併合に反対し続けた。日本はハワイにおいてもアメリカの習慣法、移民法、航海法などが適用されることを恐れ、その点を通告した。

一方、ハワイ政府への賠償に対する圧力を推進し続けた。十二月二十二日、アメリカは日本のハワイ併合反対を撤回させ、主権の変化問題については前もって決定できない

が、賠償金の問題は日本の主張を受け入れることを約束した。

ハワイ政府、日本に賠償金を支払う

アメリカ国務長官のデイはハワイ政府と交渉して、併合に先立つ半年前の七月二十七日、日本に七万五千ドルの賠償金を支払うことに同意させた。

ハワイ、アメリカに併合される

八月十二日、アメリカの勢力下にあるハワイ共和国立法部の要求とアメリカ議会の決議とに基づき、ハワイは正式にアメリカに併合された。

イギリスが中国に揚子江沿岸地帯を割譲しないことを約束させる

長江（揚子江）一帯は中国の宝庫であり心臓部であると考えられた。そのため、イギリスはこの地帯に営々として自国の勢力拡大を図ってきたが、列国が中国各地を割譲させる気勢を持っていることに留意し、長江筋における権益を独占するために、中国に長江沿岸一帯を割譲しないことを約束させた。

イギリスが、九龍半島一帯を中国から租借

六月、イギリスは香港防備に必要であるとの名目で、マース湾、ディープ湾を含む九龍半島一帯および付近の小さな島々からなる地方を九十九年の期限で中国から租借した。

初の政党政治。

台湾総督府による土地制度。

ビルマ・中国境界修正条約成立

マーガリー殺害事件後、未決定のままだったビルマと雲南省との国境線確定に関する条約が締結された。

イギリスが威海衛を租借

イギリスは日清戦争の結果、占領していた威海衛から日本軍が撤退すると、同地の租借を中国に提議した。中国はイギリスの財政的援助によって日本への償金を支払ったという恩恵を蒙っていたので、ロシアが旅順港を租借したのと同じ条件で七月、威海衛をイギリスに租借させた。

カーゾン総督、インド人の政治運動を強圧

この年に総督に就任したジョージ・カーゾンは、インド人の政治運動に圧迫を加え、イギリスの絶対的主権と官僚的専制の基礎を固めようとしたので、かえってインドの人心を激昂させた。

アメリカのデューイ、スペイン艦隊を撃破

アメリカは以前からカリブ海制覇を目指して、同地帯に残存するスペイン勢力を駆逐しようと機会を狙っていた。一八九四年からキューバに起こった革命が容易に鎮圧されず、二月十五日にハバナに停泊していたアメリカ軍艦メインが夜間機雷あるいは魚雷によって破壊され、アメリカ士官および水兵二百六十六名が死亡すると、「革命を鎮定で

きず、友好国艦船に対する不法行為を取り締まることができないスペイン政治は終結すべきものである」として、四月二十四日、アメリカ議会は事実上の宣戦布告を行った。この戦争とアジアにおける政策とは直接の関係はないが、アメリカの大拡張論者、とくにセオドア・ルーズベルトの一派は、この機会にフィリピンをアメリカの東アジア進出の足場にしようと、香港に集結していたアメリカ軍アジア艦隊にフィリピン攻撃を命じたのである。

アメリカ艦隊司令官ジョージ・デューイは五月一日未明、マニラ湾に侵入し、カビテを根拠地とする七隻のスペイン艦隊を攻撃し、優勢のままこれらを撃沈し、マニラ湾の制海権を完全に掌握した。

アギナルド、フィリピン独立軍を起こす

スペイン統治時代に単独で軍を起こしたエミリオ・アギナルドは、いったん国外へ逃れて亡命生活を送っていたが、アメリカ・スペイン戦争が起こり、デューイがマニラ湾で戦勝すると、アメリカの許可と援助とによって帰国。五月十九日、カビテに上陸し、五月二十四日、一般フィリピン人民に対し、「スペイン軍を撃滅し、憲法を制定して政治組織を完成するまで私はフィリピン共和国の独裁主権者である」と布告した。

翌六月十二日には革命軍本部に独立国旗を掲げ、十八日には地方行政制度を設けて代議士選挙令を発し、さらに二十三日に独裁政治を排して革命政府を樹立。アギナルドは仮の大統領となった。そして同志を集めて軍隊を組織し、カビテを根拠として武力を強化し、兵隊を鍛え、来るべき日に備えた。

パリ休戦条約、マニラ陥落

七月にトーマス・アンダーソン少将を指揮官とする八千五百のアメリカ陸軍は、運送船を連ねてカビテ港外に到着。パラニケーヤ入江に上陸し、北に進んでサン・アントニオ堡塁、マラーテ防御線に攻撃を加えた。マニラ市を防御するスペイン軍はアメリカ軍より多かったが、士気が奮わず、一度は攻撃軍の撃退を企てたものの、八月十二日、パリでアメリカ・スペインの休戦条約が成立し、八月十三日、ついにマニラは陥落した。

パリ平和条約成立

アメリカ、スペインの間で休戦条約が成立すると、両国代表はパリで講和会議を開始した。アメリカ側からは首席全権として国務長官ウィリアム・アール・デイほか委員四名が出席し、スペイン側からは元老院議長ユゼニオ・モンテロ・リオスを首席全権とし、その他四名を送った。

最初、アメリカ側は、フィリピン全諸島を要求する者とルソン島ほか二、三の島を保有しようとする者との二つに分かれたが、最後には意見が一致して全諸島の譲渡を要求した。これに対しスペイン側は頑強に反対し、マニラ市の一時的占有はフィリピンにおけるスペインの宗主権に影響するものではないと主張したが、結局アメリカ側の主張が通り、十二月十日、両国間に平和条約が締結された。

フィリピン諸島譲渡の条件として、スペインはアメリカから米貨二千万ドルを受け、その領土内に居住する人民の権利および政治上の状態はそのままアメリカに継承されることになった。

アギナルド、フィリピン初代大統領となる

六月二十三日、仮の大統領に就任したアギナルドは八月一日、各地で議員選挙を行い、本部をカビテからマニラ北方のマロロスに移し、ここで初めてフィリピン人だけの手による第一次議会を召集し、憲法を発布して立法の基礎をつくり、アギナルドは選ばれて大統領に就任した。この時、九月二十九日。フィリピン共和国第一次内閣は、大統領エミリオ・アギナルド、陸軍兼土木長官バルトロメオ・アギナルド、内務長官アレハンドロ・イバラ、財務長官マリアノ・ツリアス、外務長官カエタノ・アレヤノだった。

マッキンリー、フィリピン領有を宣言

フィリピン領有問題について、アメリカ議会も国内の世論も賛否両論に分かれた。アルフレッド・セイヤー・マハン、ヘンリー・カボット・ロッジ、セオドア・ルーズベルトらは領有主張の急先鋒で、その主張は次のようなものだった。

一、アメリカの目覚ましい進歩は、今や勢力が西半球に留まることのないほどに達している。そして交通機関の発達は世界各地間の距離を短縮し、アメリカとフィリピン間の距離は、メキシコから譲渡された当時のカリフォルニアとアメリカの距離よりも接近している。太平洋はすでに文明世界の利益範囲内に入ってきたので、アジアに接近する部分に有力な根拠地を得ることは、アメリカの隆盛、発達を期するうえで必要不可欠なものである。

二、最近、アメリカの産業は急速に発達し、輸出貿易もこれに伴って進歩している。そのために市場の獲得が是非とも必要である。そしてアメリカもヨーロッパ諸国の例に倣

って商業上の根拠地を獲得しなければ、とうていこれらの諸国に対抗することはできない。アメリカの政策は門戸開放にあるが、その政策も軍事上、政治上の根拠地を持っていなければ実現できない。フィリピンはその根拠地として絶好の位置を占めている。三、スペインの植民地政治は残忍を極めている。このままスペインにフィリピンの統治を継続させることは人道上忍びない。ゆえにアメリカの自由平等主義をフィリピンに及ぼすことは、フィリピンの利益であり、ひいては世界人類の幸福をもたらすということである。したがって、これを実行することはアメリカが世界に対して避けることのできない義務である。これに対して反対する者は、「フィリピンのような遠隔地にある国をアメリカの領土に加えるのは、その意思に反してかえって先住民の福利を害し、いたずらに陸海軍の軍備を増大させて財政上の負担を重くし、外交上の紛糾を招く恐れが大きい」というのである。しかし軍部はもちろん実業界からも、中国を主とするアジア諸国への通商上の足場を築く必要から、マハン、ルーズベルトらの大拡張主義者の説に賛成し、フィリピンを領有することになったのである。ウィリアム・マッキンリー大統領は、「アメリカはスペインの厳しい政治からフィリピン島民を救った。ゆえに、これを再びスペインに還付す、または譲歩することはできない。ところがフィリピン島民の現状はまだ独立自治の能力を持っておらず、その時期が来るまでこの指導の任に当たることはアメリカの義務である」というフィリピン領有宣言を行った。しかし、これはフィリピン国内に猛烈な独立の気運が高まり、反米運動が展開されていたことから、やむを得ず述べたことであり、領有当初から独立させる意思を持っていたかどうかは非常に疑わしい。

一八九九

明治三十二年
不動産登記法。
著作権法。
特許法。
意匠法。
商標法。
国籍法。
日英通商航海条約など各国との改正条約施行。
ハーグ平和会議。
沖縄からハワイへ初の移民。

マッキンリー、アメリカ主権無条件承認の特別教書を発布

一月四日、マッキンリーはアメリカ派遣軍司令エルウェル・オーティスに、アメリカ主権は無条件に承認されるべき旨の特別教書を与えた。アメリカが断固たる態度をとれば、フィリピン側の抵抗は少ないだろうと考えたからである。

ハワイがアメリカの准州となる

六月十四日、ハワイはアメリカの准州となり、アメリカの州とほとんど同じ政治組織を持つことになった。

アメリカが中国の門戸開放に関する通牒を発す

建国が新しいためにヨーロッパ諸国に比べて中国での利権の割り込みに遅れたアメリカは、豊富な物資と資本によって中国市場に君臨し、支配しようと企図し、有名な門戸の開放、商業上の機会均等などの通牒を、国務長官ジョン・ヘイの名で発した。通牒が発せられたのは、ドイツ、ロシア、イギリスには九月六日、日本には十一月十三日、イタリアには十一月十七日、フランスには十一月二十一日であった。この通牒は、アメリカが国際正義の美名に隠れて東アジア侵略の野望を表したもので、その後、太平洋戦争が勃発するまでアメリカの対中政策の基調となった。

アメリカ・フィリピン両軍が衝突

アメリカ軍は、アギナルドの独立を援助することを約束しておきながら、アメリカ軍

陸海軍大臣現役武官制確立。

台北で台湾銀行開業。

東京市、水道工事完成。

アメリカの門戸開放に同意する。

政府発行紙幣を廃し、国立銀行発行の新紙幣に代える。

が到着するとフィリピン革命軍のマニラ攻撃を許さず、占領後も革命軍のマニラ入城を許さなかった。こうしたアメリカの欺瞞的行為に憤ったフィリピン軍とアメリカ軍との間には、しだいに険悪な空気ができつつあったが、アメリカのフィリピン領有が正式に決定すると、両者の関係は一段と悪化した。こうした情勢の中で、二月四日、フィリピン兵がサンファン・デル・モンテ橋を通過しようとした時、アメリカ兵の尋問に答えなかったので射殺された。この事件に端を発し、ついにアメリカ・フィリピン両軍は砲火を交えることになった。

トンガ諸島がイギリスの保護領となる

トンガ諸島は、一六四三年オランダの航海家タスマンによって発見され、一七七三年、七七年の二度、イギリスの航海家ジェームズ・クックによって探検された。その後、一八四〇年代の中期に入り、イギリス、ドイツ、アメリカが侵入して互いに領有を争ったが、一八九六年四月六日、英独会談の結果、いったん中立となった。しかしその後、一八九九年十一月十四日、英独協定によってイギリスの保護領と定められ、アメリカの承認を経て翌一九〇〇年五月十八日にその旨が内外に宣布され、同時にイギリス駐在官が任命され、西太平洋高等弁務官の管轄下に入った。

ソロモン諸島がイギリスの保護領となる

ソロモン諸島をはじめて目にした白人はスペインの航海家アルバロ・メンダーニャ・デ・ネイラである。一五六七年のことである。彼は、ソロモン王が黄金の殿堂を建設したのは、この諸島から黄金を運んで来たからに違いないと考え、この島々をソロモン諸島と名づけた。その後の長い間、世の人々からは忘れられていたが、十八世紀の中期、捕鯨船の寄港地となると、しだいにイギリス、ドイツの勢力が侵入して南北に分けられた。東部の諸島は一八八六年にイギリスの支配下に置かれ、一八九三年、正式にイギリスの保護領となった。その後、一八九九年十一月十四日の英独協定によって、南部のドイツ領に属するチョイスル島、イサベル島および付近の小諸島をサモア諸島のサバイイ島と交換してイギリス領に編入した。各島はイギリスの保護下にそれぞれ種族制が維持され、全体としてはフィジーに駐在している西太平洋高等弁務官の管轄となっている。

アメリカ・フィリピン戦闘の経過

二月四日夜から翌日にかけて、戦闘は北方トンドよりマラテの南サン・アントニオ・デ・アバード堡塁にかけて激しく展開された。フィリピン軍は北、東、南の主要道路からマニラ市に突入すべく勇敢に戦ったが及ばず、アメリカ軍は北部でカルーカン、東部ではマリキナ渓谷、南部ではサン・ペドロ・マカチ、パサイなどに進撃した。三月二十日、アメリカ軍はフィリピン側の首都マロロスへ前進し、六日後にここを占領。さらにリオグランデ・デ・パンパンガ南岸のカルンピットまで前進したが、雨季がやってきたのでここに滞在した。

フィリピン軍はこの期間にまた勢力を盛り返した。雨季が終わると、北カルソン方面で戦闘が再開した。フィリピン軍は本部をタルラックに置き、パンパンガ、ヌエバエシハ両州を占領、サンバレン山脈からオ・パンパンガに渡って舞台を配備し、食糧も整い軍機保護法公布。

朝鮮に初めて鉄道を敷設。

士気も上がった。アメリカ義勇軍師団長アーサー・マッカーサー・ジュニアがカルンピットからタルラックに上る鉄道に沿って進み、ロートンが快速歩兵と騎兵部隊を率いてヌエバハシハ方面から側面を脅かし、フィリピン軍を東に追いやった。またホイートンは部隊をリンガエン湾に輸送し、フィリピン軍の退路を遮断することとした。ロートンの部隊は豊かな機動力を利用してフィリピン軍の本拠を突いた。アメリカ軍の進撃は非常に迅速だったが、フィリピン政府側はかろうじて逃亡することができた。

十一月十一日夜、フィリピン軍の将軍はリオ・アグノのバヤンバンで会議を開き、一応軍隊を解散する決議を行った。ホイートン率いるアメリカ軍は南イロカノ海岸のサン・ファビアンに上陸したが、兵力が少ないためフィリピン軍を遮断する目的を達することができず、ヤングが指揮する騎兵部隊に追われたアギナルド軍は十一月十五日、警戒線を突破してポルソビオ、ロサリオの山中を経てイロカノ海岸から逃亡した。アメリカ軍はアギナルドを追撃したが、彼はレパント、ボントクを経て中央山脈のイゴロット集落に逃れた。レパントに至る途中の険しいチラ峠では若いピラールがフィリピン軍部隊の最後尾を守り、アギナルドの逃亡を助けた。フィリピンの大規模な反抗は軍隊解散後に消滅したが、ゲリラ戦は続けたため、アメリカ軍は治安維持に悩まされた。アギナルドは一九〇一年三月、太平洋に近いタガログ集落パラナンで捕虜となった。

一九〇〇

明治三十三年

伊藤内閣。

フィリピン委員会成立

アメリカ陸軍を援助してフィリピン人にアメリカの統治を承認させ、フィリピン諸島の政治制度を再組織するために、一九〇〇年四月、マッキンリー大統領はフィリピン委員会を発足させた。委員長はウィリアム・Ｈ・タフト、委員にはミシガン大学教授ディーン・ウースター、ルーク・ライト、ヘンリー・アイド、カリフォルニア大学教授バーナード・モーゼスだった。ライトはかつてテネシー州の検事総長であり、アイドはサモア最高法院の判事、ウースター教授は博物学者でフィリピン通、モーゼス教授は長くスペインの植民史と制度を研究していた。委員会は一九〇〇年六月マニラに到着し、九月一日に立法事務を開始した。この時から一九〇二年八月までの間に制定した法律の数は四四九。中央局および州町村行政組織を設けた。委員会の活躍は事務開始とともに、しだいにフィリピン指導者の理解を得て、アメリカ政府の企図する目的を果たした。この年の冬になると、フィリピン紳士階級の中にはアメリカと結ぶことが利益になると悟り、連邦党を組織した。こうしてアメリカのフィリピン統治の基礎ができた。

中国で義和団が台頭

義和団は拳匪とも言われ、山東地方で結成された秘密結社である。彼らの本来の目的は、満州人の朝廷を壊滅させることだったが、排外思想に燃えていたので、最後には西太后の手によって外国人を追放する計画実行の道具にされることになった。義和団が排外運動を実行し始めたのは一八九九年の秋である。団員はしだいに増加し、山東地方を席巻した。闘争の手始めに三当地方のキリスト教徒の家を狙って火を放ち、略奪した。やがて新教徒、旧教徒を問わず、仮にもキリスト教を奉じる者は残らず迫害した。

キリスト教徒や宣教師が山東省長毓賢に生命財産の保護を求めても、省はなんら積極的な鎮圧策も講じることなく、まずイギリス教会の宣教師Ｓ・Ｍ・ブルックスが彼らの日本、スペインと特別通商条約調印。
パリ万国博覧会に日本の美術品出品。
文部省に修身教科書調査委員会設置。
イギリスが日本に財政援助を約束。
公衆電話設置。

凶刃によって殺害された。山東省に続いて直隷省（現台湾）一帯が無秩序状態に立ち至った。商業都市の保定は焼かれ、天津も危険となり、北京も脅かされた。義和団が北京に接近すると、北京の代表者たちは天津に電報を送って援助を求めたので、停泊中の軍艦から四五〇名の兵を上陸させて北京に送った。護衛隊が北京に到着した数日後、北京の通信はまったく途絶えた。義和団が電線を切断し、鉄道を遮断したからである。

義和団鎮圧される

北京における外国公使の身辺はいよいよ危険となったので、エドワード・ホバート・シーモア司令官率いるイギリス艦隊、アメリカ艦隊、その他各国艦隊は北京援助の討伐隊を派遣することにした。一九〇〇年六月十日、二〇〇〇名の軍隊が鉄道で北京に向かって天津を出発した。数マイル前進すると、すでに線路は破壊されていたので、線路を修復しながら前進した。しかし、派遣軍は絶えず義和団の攻撃を受けるので、思うように作業を続けることができず、かろうじて郎坊まで達した時には食糧も欠乏していたので、やむなく退却した。ところが、この時すでに中国の官軍は義和団と合流して大沽要塞を占領していたので帰途に困難を極め、天津付近の西沽まで達したが前進できずに停滞していた時、天津からの救援隊によって救助された。

六月十六日、外国艦隊の司令官は連署で要塞の司令官に降伏勧告状を送ったが、中国軍司令官は要求を拒絶したので、翌十七日に攻撃を開始。ついに要塞を陥落した。この一戦により中国政府は公然と外国に対して敵意を示し、侵略者に対して宣戦布告し、外国の公使館に対して二十四時間以内に退去すべく最後通牒を発した。天津における外国租界は義和団連合軍によって絶えず攻撃され、隣接地帯まで奪取された。外国の女子はヴィクトリア女王即位六十年記念に建設されたゴードン・ホールに収容されたが、事態は急を告げるので、大沽にある連合艦隊のもとに天津救助の援軍を乞い、かろうじて天津は救われた。

一方、北京における状況はさらに急迫していた。義和団は思うままに放火し、略奪を行った。六月十二日、日本公使館員杉山賓氏は野蛮きわまる方法で殺害され、六月二十日、ドイツ公使フォン・ケラー男爵は総理府に向かう途中、街頭で射殺された。大沽要塞陥落後、公使団は二十四時間以内に北京を引き揚げるように最後通牒を受けていたが、市街を通過するうちに虐殺される恐れがあるので、この命令を拒絶した。この拒絶を受けると、官兵たちはただちに義和団と合流して公使管区の攻撃を開始したので、外国人は残らずイギリス公使館に避難した。中国人官吏の中には、戦いの前途に見極めをつける者や、天津の運命が定まってから公使管区を処理してもよいと述べる者もいたので、公使管区襲撃は即行されなかった。しかし暴動に紛れて公使管区を奪取しようとする企図を放棄したわけではなかったので、公使館の壁外の家々には絶えず火を放った。

北京、天津でさえこのような状況なので、中国北部の奥地はまったく無秩序状態に陥っていた。六月三十日には直隷省保定でキリスト教徒の大虐殺が行われ、七月十九日には四十五名の宣教師が山東省の太原で惨殺された。満州でもキリスト教会が破壊され、宣教師は逃れた。新旧を合わせて二百名を超える宣教師が惨殺され、キリスト教徒で殺害された者は数千名に達した。八月初旬、一万六千名からなる連合国の軍隊は主として日本、イギリス、ロシア、アメリカ、ドイツの兵隊だった。イギリス軍の司令官はガスリー、アメリカの司令官はチャフィーだった。アメリカ軍を除く連合軍はのちにドイツ本国から特派されたフォン・ヴァルダーゼーの指揮下に置かれた。連合軍は途中、北倉、楊村などで抵抗を受けたが、ついに八月十四日に北京に到着。翌日、市街を占領した。連合軍が入城すると、皇帝と西太后は逃亡し、陝西省の西安に達して政府を樹立した。最初、中国側には連合国側と和を講じる官吏が一人もいなかったが、やがて李鴻章が南方から来て直隷省長となり、彼と慶親王とが全権に任命された。長期間にわたる交渉の結果、次のような平和条約が成立した。

一、中国はフォン・ケラー男爵が殺害された場所に記念碑を建て、陳謝の意を表すために皇帝の使節をドイツに派遣する。

二、中国は事件の主謀者である十一名の貴族や高官の処刑に同意する。

三、暴動が行われた諸地方に対しては、五か年以内に詳細な裁判を行い、主謀者を処罰する。

四、従来、排外運動の勃発に対して鎮圧につとめなかった官吏を免職し、処罰する。

五、動乱によって損害を受けた国家、会社、個人は賠償を受ける。なお、中国政府は関税を担保することに同意し、輸入税の五パーセントを償金として支払う。

六、総理府を廃止し、他の六省と並んで外務省を設置する。

七、他の文明国と同様に、さらに自由に皇帝と謁見できるようにする。

八、大沽をはじめ直隷省沿岸の要塞はすべて破壊し、向こう二年間、武器、軍需品の輸入を禁止する。

九、北京には自国権益を守る列国兵士を恒久的に駐屯させ、かつ北京と海港との交通線を確保するため、各駅にも兵士を駐屯させる。
十、向こう二年間、義和団を終息させるために、中国各地に政府の布告を続ける。
十一、外国人の使用人となったために被害を受けた中国人には賠償するが、中国人のキリスト教徒には賠償金を支払わない。

アメリカ、門戸開放に関する最後通牒を発す

中国で義和団事件が勃発すると、アメリカは中国における門戸開放、機会均等主義を徹底させる絶好の機会とし、七月三日、次のような通牒を列国に発した。

「中国の危急の情勢を考慮し、現在の事態が許す範囲内でアメリカの態度を決定することが妥当であると考えられる。われわれは一八五七年わが国によって開始された中国との平和を維持し、合法的商業を促進し、そして治外法条約権および国際法のもとに保護されたあらゆる手段により、わが市民の生命および財産を保護する政策を固守するものである。われわれは、もしわが市民に対して非行がなされた際に究極の責任を負うべき責任者を特定したい。われわれは、北京の状況は事実上無政府的であり、権力と責任とは実際的に地方の省政権に掌握されていると考える。彼らが暴徒と結びつくことなく、外国人の生命と財産の保護に権力を行使している限りにおいて、彼らこそわれわれが平和と友好の維持を求めている中国民衆の代表者と見なす。大統領の意図する目的は、これまでにおけるのと同様、列国との協同活動により、まず第一に北京との交渉を開いてアメリカの官吏、宣教師、その他危険に陥ったアメリカ市民を救助し、第二に、中国各地のアメリカ市民の生命と財産に対して可能な限りのあらゆる保護を行うことで

あり、第三に、すべての正当なアメリカ権益を保護すること、第四に、無秩序が中国帝国の各地に拡大することと、このような災害が再発することを防止するために努力することにある。もちろん、この最後の結果に到達する手段を予想することは、あまりに早急すぎるが、アメリカ政府の政策は、中国に永久的な平和と安全をもたらすための解決策を求め、中国の領土的、行政的実態を維持し、条約および国際法により友好諸国に対して保障されたあらゆる権利を保護し、世界に対して中国帝国との均等で公平な貿易の原則を保護することにある」

一九〇一
明治三十四年

フィリピン独立軍幹部、続々と捕わる

アメリカでは一九〇〇年、マッキンリーが大統領に再選され、アメリカの東アジア政策は一段と強化された。軍政総督アーサー・マッカーサー・ジュニアは、戦時法規に関して一般命令を発し、これに違反する者が禁固とすることを決め、この命令によって数千のフィリピン人が逮捕監禁され、アメリカ側に妥協しない指導者三十九名がこの年の十二月、グアム島陸軍監獄に送られた。独立軍指揮者の逮捕は翌年も続き、独立派の勢力は根こそぎにされた。

イギリスがチベットに使節を派遣

一八九四年に、ラマ教の大法王として強大な勢力を持つラサのダライ・ラマ十三世は、チベットに住むロシア国籍のブリヤート人僧侶ドルジエフをロシア皇帝ニコライ二世のもとに使節として派遣した。ダライ・ラマはシッキムの問題で中国政府を頼りなく

西園寺公望、桂太郎内閣。

ロシアが中国に満州に関する十二か条の新要求を提出。

これに対し日本は中国公使にロシアの要求を拒否するよう勧告した。

増税諸法公布。

思っていたところだったので、ロシアの誘いに乗り、ロシアとチベットの関係は急速に緊密化していった。イギリスとしては、インド防衛のためチベットをロシアの勢力下に置くことをよしとせず、一九〇一年、ダライ・ラマのもとに使節を派遣したが、ダライ・ラマはイギリスの親善使節を厚遇しないしないばかりか、皮肉にも、ドルジエフを特使としてロシアに派遣し、保護を依頼したのである。

翌一九〇二年にはチベットに関するロシア・中国共同保護条約という密約まで結ばれた。その内容はロシアと中国の両国は協力してチベットを保護し、ロシアがチベットの軍事訓練を担当することなどを約束するというものだった。イギリスのインド総督カーゾンは、チベットをイギリスの勢力下に置かないわけにはいかないと決心し、チベットに対して交渉を開始した。ところが、チベット側は真面目に受け入れなかったので、カーゾンはついに兵力を用いることにした。

カリフォルニアで日本移民排斥

一八九一年頃からカリフォルニアでは排日の空気が醸成されつつあった。その一方で、この地の発展はいよいよ加速されていたので、一般企業家、とくに鉄道会社や農園、鉱山の経営者は日本人労働者を歓迎した。排日主義者の運動は日本人を阻止できなかったばかりか、日清戦争後は渡航者が激増して明治三十二、三年頃には日本人の数は二万四千余名に増加した。以後、ハワイがアメリカ領となったため、ハワイからの転航が自由になり、ハワイを通じてアメリカ大陸に流入する日本人はおびただしい数に上った。これらの渡航者はほとんどすべて意欲に燃えた青年で、勤勉だった。困苦に耐え、欠乏に耐え、忍びがたきを忍んで働いた。排日主義者は非常に驚き、この年、州議会を通じてアメリカ議会に日本人排斥の建議を提出した。

オーストラリアで画一的なアジア系移民排斥法成立

前年の一九〇〇年、オーストラリア連邦が成立し、サー・エドモンド・バートン第一次連邦内閣が組織され、一九〇一年にはメルボルンにオーストラリア連邦会議が開かれた。ここで全オーストラリア一丸となった有色人種排斥法を制定、白豪主義を確立し、保護関税による新産業政策を樹立した。翌一九〇二年、連議会がオーストラリア関税法を制定しようとした時、自由党首領のアルフレッド・デーキンは「白豪主義は外国の安い労働力の侵入に対する政策である。したがって好ましくない外国人労働者の生産品を輸入することもまた、その人の移住とともに排斥すべきものである」と述べ、有色人種の生産品にまで白豪主義を広げた。

老獪なイギリス人のことで、一九〇一年に制定した移民法にはヨーロッパ語の書き取り試験に合格しなければ入国を許さないと規定しているが、いずれの言語とも指定していない以上、実際には「入国禁止」の効果があり、オーストラリア連邦もこれを狙ったのである。その後、日本側が厳重な抗議を行った結果、一九〇五年、日豪の間に妥協が成立し、日本政府は旅行者、学生、貿易に従事する商人、オーストラリア政府から特に許可を与えられた職業（真珠貝採取）に従事する者に限って旅券を発行し、またオーストラリア政府は日本政府の旅券所有者に対して、特に入国に際してヨーロッパ語の書き取り試験を課さないこととした。

一九〇二

明治三十五年

皇室誕生令公布。

明治三十六年、フィリピン移民開始。

日英同盟締結

東アジアにおいて膨大な権益を手に入れたイギリスは、ロシア勢力と正面衝突することが避けがたいことを知り、同様にロシアの南下を押さえようと腐心している新興国日本と結びつくことが有利と考え、一月三十日、日英同盟が締結された。条約は六か条からなるが、その要点は、次のとおりである。

一、日英両国は中国において、また日本は韓国において有する利益を列国の侵略行為によって侵害された場合、両国に必要な措置をとり得る。

二、中国または韓国において、日英両国いずれかの国民の生命および財産を保護するため、干渉を必要とする紛争の発生により、両国の利益を侵害された場合、両国は必要な措置をとり得る。

三、上記の場合において、両国の一方が開戦した場合、他の一方は善意の中立を守り、第三国が交戦を加えた場合は協同作戦に従事する。

こうしてイギリスはたくみにわが国を誘い、東アジアにおけるイギリスの利権を日本に擁護させることに成功した。同盟に忠実なわが国は、ほとんど意識せずにイギリスの利益を守り続けたのである。

フィリピン政府組織法がアメリカ議会を通過

七月一日、フィリピン政府組織法を規定したフィリピン条例がアメリカ議会を通過した。この条例によりフィリピン行政府は憲法最高の機関であるアメリカ議会の法律に基づくことになった。

フィリピンでゲリラ横行

フィリピンの独立運動は革命地区司令官の幸福、アギナルドの逮捕によって一九〇一年春に一応終わったが、ゲリラ戦は止むことなく、討伐戦はバタンガスではマルバールの指揮下で一九〇二年六月まで、サマールではルクバンの指揮下で同年二月まで、ボホール、セブでは同年七月まで続いた。その後もアメリカに服従したくない独立党員は各地に出没してアメリカ官吏とアメリカに好意を寄せる市民を脅かした。こうした時代は一九〇六年頃まで続いたのである。フィリピン委員会は盗賊と化したこれらの独立党員を撲滅するために刑法に「劫略」に関する罪を加え、強奪、水中の窃盗、その他凶器を携帯して国内を劫略する一団に参加する者は死刑または二十年以上の刑に処することにした。この新法律を犯した罪によって巡警隊が捕えた者の数は数千名に上った。

一九〇三年六月一日、フィリピン議会は法律第百八十一号により、地方警察を巡警隊の指揮下に置き、保護が困難で盗賊への食糧供給を禁止しにくい村落の人口を町村に再び集中することにしたが効果がなかった。一九〇〇年末に囚人としてグアムに送られたフィリピン独立党員は一九〇三年に帰国を許され、その最有力者マビニは従順になることを宣誓してマニラに上陸したが、数週間後にコレラで死亡。急進派のリカルテは宣誓に従わず香港に送られた。彼は間もなく密かにマニラに帰り、リサール州で反乱を起こし、その影響を受けてイロコス・スール州ビガンの巡警隊一中隊も背反した。リカルテの軍は破れ、彼は再度捕えられたが、フランス領事の援助で日本に亡命した。また有力な独立党員サン・シゲルはマニラ郊外のコラル・ナ・バトで一九〇三年三月に戦死した。しかし、カビテ、バタンガス方面には巡警隊の威力が及ばない盗賊が相当おり、

一九〇四

明治三十七年

日露戦争。
旅順攻撃。
東北飢饉。
アメリカへの移民再開。
教科書国定化。

一九〇五年一月二十四日にはマランボンの町が襲撃された。翌年、政府側の政治運動家ドミナド・ゴメスを仲介とする巧妙な戦術が功を奏し、反対政党の首領たちが続々と投降するようになると、さすがに猛威を振るったゲリラ戦も鎮定された。

イギリス軍、チベットに遠征

八月、フランシス・ヤングハズバンド大佐が率いるイギリスの遠征隊は、半年以上の困難を凌いでインドからラサに侵入し、武力によってチベットを強圧し、九月七日、イギリス・チベット協約を結び、実質的にチベットをイギリスの保護下に置いた。その条約の内容は、チベットに関する中国の宗主権を認めるが、チベットはイギリスに償金を支払い、イギリスの承認なしで外国に土地を譲与しないというものだった。その主な条項は次の四条である。

一、チベットはイギリスに五十万ポンドの賠償を支払う。
二、江孜、加托克、亜東の三都市をイギリスの商業に解放する。
三、イギリスの同意なしに、その領土を外国に売り渡すこと、貸与すること、並びに担保とすることはできない。
四、どんな外国でも、イギリス政府の承諾なしにチベットの内政に関係することは許さず、官吏であるか否かにかかわらず、チベットに派遣することはできず、チベット政府に奉職することはできない。また道路を開くこと、鉄道を敷くこと、電信を敷設することと、鉱山を発掘することも許さない。

一九〇五

明治三十八年

桂太郎内閣。

アメリカで中国人移民の無制限入国禁止法案が通過

アメリカ議会は中国人労働者の入国禁止を無制限とする法案を通過させた。こうして中国人は誰もアメリカ市民たりえないことになった。労働者の範囲は著しく制限され、アメリカに入国できる者は教師、学生、商人、旅行者および政府の役人だけとなった。

中国で排米ボイコット起こる

中国は、アメリカ議会が中国移民を永久にアメリカから締め出すと、中国史上最初の大規模で組織的なアメリカ商品のボイコットを行った。時のアメリカ大統領セオドア・ルーズベルトは困惑し、このボイコットを緩和するために義和団事件の賠償金を自発的に減額した。

サンフランシスコ学童問題起こる

耐えがたきを耐え、一介の労働者として働いた日本人の中から、農場ではポツポツと成功者が現れた。日本から妻を迎えて一戸を構え、一般アメリカ人の競争原理の中に進出し始めた。この顕著な躍進に対して「日本人恐るべし」の声がようやく巷で盛んに叫ばれるようになった時、日本は日露戦争で大勝を博したのである。日本の大勝はアメリカ人を驚愕させ圧倒した。その熱心な態度の奥には、計り知れない実力を秘めていると考えるに至った。彼らの心中に深い民族的恐怖心を植えつけたのである。

こうして従来の感情問題と労働問題に起因する社会的排日は、一転して政治的排日運動へと変わり、この間に出現した排日専門の政治家、黄禍論を唱導する偏狭な学者、一日本海海戦。対馬沖でロシア艦隊を撃滅。
旅順陥落。
奉天占領。
ポーツマス条約。
日露講和。
日英同盟改定交渉。
日露戦争の戦没者を靖国神社に合祀。
株価大暴落。

般の白人労働者が一体となって強固な排日の陣営を結成し、日本人排斥のあらゆる口実を捏造して一歩一歩、国法によって、あるいは州法によって法律上の圧迫を日本人に加えることになった。労働組合、新聞雑誌、政治家は合流して日本人労働者の入国に激烈な反対運動を展開し、アイダホ、モンタナ、ネヴァダの諸州議会もこれに呼応した。

こうした雰囲気の中、四月一日に起こったのが、有名なサンフランシスコ学童問題である。同市の学務当局は監督官庁に対して中国人学童に対して行ったのと同様、日本人学童に対しても、正規の学校から隔離する計画を提出したのである。その理由は、「中国人や日本人のために分離した学校を設立することは、現状の学童過剰の問題を解決することができるというばかりでなく、さらに高い見地からすれば、アメリカの学童の若々しい心に、アジア人系学童からの影響を受けさせないで済むからである」というものである。

五月七日には「日本人・朝鮮人排斥連盟」の民衆大会がサンフランシスコで開催された。この連盟の目的は宣伝と述策によってアメリカ議会に強い影響を与え、中国人排斥法を日本移民にも拡大しようとするのだった。カリフォルニア州のこうした態度は、さすがにルーズベルト大統領からも顰蹙を買い、愚劣きわまる人種差別法案の議会通過には反対された。

桂・タフト協定成立

日露戦争で日本が連戦連勝したことはアメリカを驚愕させた。そして、東アジア侵略の拠点として入手したフィリピンを日本に攻略されはしないかと恐れるようになった。

ポーツマス条約
①韓国の保護権。
②遼東半島南部の租借権。
③南満州鉄道の利権。
④樺太南部の割譲。
⑤沿海州漁業権の譲渡。

アメリカは七月二十九日、陸軍長官ウィリアム・H・タフトを東京に派遣し、桂太郎首相と会見させ、日本が朝鮮において優位なことを承認する代わりに、フィリピンに領土的野心を持たないとする「桂・タフト協定」を結ばせた。

ポーツマス条約成立

アメリカ大統領ルーズベルトの調停により、日本はロシアと講和することになったが、これは日本の立場を擁護しようとするものではなく、ロシアを擁護しようとするものだった。

アメリカは、日本がそれほど強国であるとは思えなかった時代には比較的好意を寄せていたが、日本の国力が充実してくると、これを恐れ、ひたすら圧迫することに専念した。この意味で日露戦争は、アメリカの政策を親善から排撃へと変わらせた一大転機となった。

「私はこれまで日本贔屓だったが、講和会議開催以来、そうではなくなった」

これはルーズベルトが親友のロックヒルに述べたことである。

講和会議の提唱はロシアを壊滅から救い出そうとするアメリカ大統領の策動だったのである。彼はアメリカの新聞をそそのかしてロシア側の味方をさせ、日本代表には親切ごかしに賠償金問題を打ち切るように警告した。

こうしてロシアは賠償金を支払わず、わずかに樺太の南半分を日本に割譲しただけで、九月九日、条約に調印することに成功したのである。

鉄道王ハリマンの極東計画

アメリカの鉄道王Ｅ・Ｈ・ハリマンは日本、満州、シベリア、ヨーロッパ、ロシア、大西洋に通じる交通を一手に収めようと計画し、手始めとして日本が入手したばかりの満鉄を買収しようと秘策を練り、八月十六日、シベリア号に乗ってサンフランシスコを出航。同月三十一日、横浜に到着した。一行はハリマン夫妻のほかに、ハリマンの娘二人、孫二人、不動産開発業者ロバート・ゴーレット夫妻、太平洋郵船会社副社長Ｒ・Ｐ・シュウェーリン、ハリマンの主治医ライル。入京するとともに駐日米大使ロイド・グリスコムを参謀として猛烈な運動を開始した。九月十一日から十三日までの間に要路の高官に会って目的を話し、その利益を説き、賛助を求めた。一行は十三日の夜東京を発って京都に向かい、それから朝鮮、満州、北中国を視察して十月八日に東京に戻った。ハリマンが留守にしている間の運動はグリスコムが当たった。当時、日本は日露戦争後の財政困難に見舞われていたので、ハリマンのこの提案に動かされる者は多く、ハリマンもそこが付け目だったのである。ついにハリマンが帰国する日の十月十二日、内閣の意向は決定し、次のような覚書が交換された。

「一九〇五年十月十二日、日本帝国政府を代表する伯爵桂太郎と自分および自分の関係会社を代表するハリマンとの間に次の覚書を交換する。日本政府の獲得した満鉄を買収し、その改築、延長、設備を行うと同時に、終点である大連港の完成および発展を計る資金を集めるために、一つのシンジケートを組織する。この買収した鉄道および付属の財産に対して、両契約者は双方が共同かつ平等に所有権を持つ。特別の協議により、シンジケートに対して鉄道付属地内の炭鉱採掘権を許可された場合には、両契約者は平韓国統監府・理事庁を設置。

ロシアの中国利権を引き継ぐ。

等にその利益を受ける。満州における諸般の企業に対し、その発展を計ることを原則として、両契約者は相互に同等の利益を受ける権利を持つ。満鉄およびその付属のすべての財産は両契約者の代表者の協議を経て、相当と認められた実価によって買収する。すべての機関および組織は、その場合における事情を考慮してこれを設定する。さしあたり日本の国情に照らして、鉄道は日本の管理下に置き、将来つねに機会あるごとに共同かつ平等の契約形式に改める。このシンジケートは日本の法律によって設定する。両契約者の仲裁者として日本外務省顧問ヘンリー・デニソンを任命する。日本と中国または日本とロシアの間に戦争が起こった場合には、軍隊および軍需品の輸送などについては絶対に日本政府の命に従うように、日本政府はこれに対して賠償する。日本政府はつねに鉄道の侵害者に対して防護の責任を持つ。これより添田寿一を両契約者間の通信連絡係とする。両契約者以外の者をこのシンジケートに加入させる場合には、必ず相互の協議と承諾を必要とする」

この覚書をもってハリマンは十月十二日午後、シベリア号に乗って横浜を出航、帰途についたのである。ハリマンが帰国して三日後、ポーツマスの講和会談を終えた小村寿太郎全権が帰ってきた。小村全権は帰国早々、ハリマンとの覚書交換のことを桂太郎総理大臣から聞いて、「これは明らかにポーツマス条約第六条の規定に違反する。すなわち、この条文には満鉄をロシアから日本に譲渡する場合には必ず中国の承諾を必要とする旨が規定されている。ゆえに、中国の承諾を得て、完全に満鉄がわが国の手に入ったあとでなければ、日本はハリマンと契約するわけにはいかない。また日本国民が多くの犠牲を払って獲得した満鉄を日米シンジケートに売り渡すようなことは断じて許容する遼陽に関東総督府設置。

ことはできない」と反対した。そこで十月三十日、添田寿一の名で次のような電報がハリマンに打たれた。

「帰国した外務大臣小村寿太郎より詳細な報告を受けた結果、鉄道問題に関して中国政府と交渉を重ねる必要がある。十月十二日の覚書について日本政府はなお一層詳しく調査する必要がある。貴下が承知されるように、ポーツマス条約の規定によれば、日本政府は鉄道およびその付属財産の譲渡に関して、中国政府の承諾を得る必要があることはもちろん、ロシア政府とも協議しないわけにはいかない。したがって中国、ロシア両国との協議のあとでなければ、果たしてこの鉄道の譲渡によりどれほどの権利と財産を獲得できるかも的確ではない。また、この鉄道の営業能力なども不明なので、このような事情の中で貴下と日米両当事者が満足するような協約を締結することは絶対に不可能と思われるので、日本政府は先日の覚書を当分取り消しの形にしておくことが賢明な策と信じることになった。もちろん、日本政府はでき得る限り速やかに中国、ロシア両国と協約を締結すべきだが、この協約は貴下との協約に根本的な変更を必要とすることになるのか推し量ることができない。ただ日本政府はこの鉄道に関し、他の資本家と協議するような必要が生じた場合、まず貴下と交渉を行うことにする」

インドで排英運動激化

日露戦争で日本軍が圧倒的勝利を獲得しつつある事実は、インド人の民族的自覚を促し、自治を要望する声がいよいよ高まってきたが、この年、イギリスがベンガル州を東西に分け、東ベンガルに多く住んでいるイスラム教徒を利用してヒンドゥー教徒を抑えようとしたので、インドにおける排英運動の炎に油を注いだような結果となった。インド民衆がイギリス商品をボイコットし、スワラジ（自治）スワディ（国産）の二大標語を掲げる示威行動、暴動などが頻発した。この反英運動を指導したのは「インド不安の父」と称されたバール・ガンガダール・ティラクだった。

なお、ベンガル分割とほぼ同時にカーゾン総督が発表したのは、インド大学教育を完全に英国化しようとするインド大学法案で、反英大学生は悪法を葬れと猛運動を開始した。カーゾン総督はあくまで強硬政策をとり、反抗運動に参加した青年、学生に対して弾圧を加え、学校から追放した。これは「国民ベンガル大学」の設立運動となり、官立大学におけるイギリス文学第一主義を排してインドの言語文学を課そうとする運動へと変化した。同時にベンガル語、英語の新聞雑誌を発行して国民運動の宣伝を盛んに行い、愛国歌「母国万歳」の喊声は都会や田舎の隅々にまで響いた。この経済的国産運動、文化的民族運動と並んで、政治的自治運動、すなわちスワラジ運動が穏健な国民政治家G・K・ゴケール、サー・フェロゼシャー・メータらの指揮のもとに着実に進められた。

一九〇六

明治三十九年

西園寺内閣。

ハリマンの野望覆される

一月十五日、添田寿一はハリマンに対して次のような電報を打った。

「日本政府はポーツマス条約第六条により満鉄の譲渡については中国政府の承諾を経たが、この鉄道経営については、株主は日本・中国両国民に限ることになった。桂総理はこのような事情のもと、貴下に対し、一九〇五年十月十二日の覚書は無効とすること台湾で大地震。
満州に領事館開設。
韓国で日韓協約反対の叛乱が起こる。
関東都督府を旅順に移転。
鉄道国有法公布。
日米間海底電信布設竣工。
南満州鉄道会社設立勅令公布。

がやむを得ないことを宣言するのは非常に残念である。ただし日本・中国両国の資本のみでこの大鉄道を経営することができるかどうかについては、桂総理も疑問に思っているので、追って機会が到来し、前回とは趣を異にする基礎の上に、外国資本家と協議する必要が起こった場合には、まず第一に貴下と交渉すべきとのことである。終わりに、桂総理はすでに職を辞し、この電報はその後継者である西園寺侯と相談の上で発信したものである」

こうして満鉄は安全に保たれることになった。

サンフランシスコの学童問題に対して抗議書を提出

四月、サンフランシスコに大震災が起きた。日本はいろいろな慰問品を送って非常に同情を示したが、厚顔なアメリカ人の日本人排斥を阻止することはできなかった。無礼なアメリカ人は、サンフランシスコを訪問した日本の科学者に投石し、日本の料理店での飲食をボイコットした。十月十一日、学務当局は「すべての日本人、中国人および朝鮮人の児童をアジア人学校に収容せよ」という決議を通過させた。彼らは日本人学童を排斥するためにいろいろな口実を作った。日本人学童は学校に氾濫しすぎているし、品行が悪く不道徳で、アメリカの児童たちと一緒に学ばせるにはあまりに年を取りすぎていると主張。しかし、隔離令が発せられた時、日本人児童はサンフランシスコの全小学校にわずか九十三名しか在学していなかった。しかも、このうち二十五名はアメリカの市民権を持ち、二十八名は少女だった。わずか三十三名だけが十五歳を過ぎており、最年長の二十歳の者が二名いたに過ぎず、年を取りすぎているという非難も妥当とは言えない。教師の証言によれば、日本人児童の品行は模範的で最も好ましいものであると言う。不道徳であるという理由はまったく当てはまらなかったのである。学校当事者は、隔離するという考えよりは、むしろ日本人を学校に留めておく考えに賛成だった。排日のための排日だったのである。十月二十五日、日本外務省はサンフランシスコ学童隔離問題、料理店ボイコットなどに対して正式な次のような抗議書を提出した。

「日本国民は、その人格および財産が満足に完全な保護を要求する権限を持っているだけでなく、居住権に関する諸事件に対して条約と最恵国条款に基づいて主張する権利を持っている。そして教育の平等は、居住において最高かつ最も価値の高い権利の一つであることは言うまでもない。帝国政府は、サンフランシスコ当局が学齢に達した日本人児童を収容する目的で提議された特殊学校が、同市における一般的な児童を教育するために設立され、維持されている諸学校と同様に立派なのかどうかは認知していないが、たとえ同様に立派であるとしても、日本人児童が異民族であるために特殊学校に隔離され、正常な小学校への入学を許可されない事実は、見過ごすことができない恥辱と憎悪を生じさせる差別的行為であると信じるとするものである」

フィリピンで即時独立党が結成

七月一日に結成されたこの政党の党員は急進的な独立派のレデスマ、バレト、サンジコ、オスメニア、ゲレロ、ルクバンらであった。彼らは合法的手段によって独立を図ろうとし、機関紙「ラ・インデペンデンシア」を発刊。フィリピン有力紙「エル・レナンミエント」の支持を受けた。

チベットに関するイギリス・中国間の条約が成立

チベットを自国の属国であると信じていた中国としては、イギリスがチベットに対して武力干渉することは黙殺できないので、前年の一九〇五年に唐紹儀を中国の使節としてインドに派遣して交渉を開始し、一九〇六年四月二十七日に北京でチベットに関するイギリス・中国条約が成立した。すなわち、イギリスはチベットにおける中国の宗主権を承認する代償として、チベットにおける鉄道、電信の敷設権を得て、かつ二、三の通商地を開放させ、中国はチベットに代わって償金を支払うことを約束した。この条約は、イギリス国内には「穏健に過ぎる」という多くの非難があったが、これはイギリスの対外関係が大きく好転したためである。一九〇七年八月三十一日には英露協約が成立して、今後、イギリスとロシアはチベットの領土を保全し、政治的干渉を加えないことを約束したのである。その主な条項は次のとおりである。

一、チベットの領土的保全を尊重し、内政干渉をしない。
二、今後は中国政府の仲介を通じてのみイギリスとロシア両国はチベットと接触する。
三、イギリス・ロシア両国はラサに代表を派遣する。
四、チベットに対し、どのような種類の譲歩をも要求しない。
五、チベットの財政収入にどのような留置権をも要求しない。

ニュー・ヘブリデス諸島、英仏共同の統治下に置かれる

この諸島は一六〇六年、スペインの航海家キロスによって発見された。キロスは、この諸島は当時の伝説として存在を信じられた南方大陸の一部であると誤解し、オースト

ラリア・デ・エスピリッツ・サントと命名したが、一七七四年にクックが再発見してニュー・ヘブリデス諸島と改められた。以後その所属は長く決まらなかったが、一九〇六年二月、ロンドンで英仏協約が締結され、両国共同で統治することになり、十月二十日、批准交換が行われた。以来、英仏官吏の共同統治下に置かれたが、一九一四年八月六日、一九二二年三月十八日の二回、共同管理の欠陥を修正した。（一九八〇年、バヌアツ共和国として独立）

一九〇七

明治四十年

鉄道庁設置。

樺太庁設置。

南満州鉄道開業。

満鉄調査部設置。

日仏協約調印。

日英露仏四国協定。

日米紳士協定

サンフランシスコ学童問題に関する日本政府の正式な抗議をきっかけとして、日米間には外交交渉が進められた。ルーズベルトは「日本人労働者の入国が続く限り、太平洋における日本人への敵意は増すばかりである。学童問題は日本人労働者がハワイ経由で引き続き入国しているために起こっている根本的闘争の表面的な現れに過ぎない」とした。わが国は、まず今後ハワイから転航する日本移民の入国を禁止しても異議を申し立てない点を譲歩した。アメリカ政府は学童隔離命令を取り消す代わりに相互的な労働者禁止条約の締結を日本に提議した。日本はもしアメリカが労働者階級以上の日本移民に対して帰化権を認めたならば、これを受諾する用意がある意思を示したが、不遜なアメリカはこの問題を論じることにすら同意しなかったのである。移民排斥は一八九五年の条約による明白なアメリカの権利であり、もし日本が協同を拒絶した場合には、この条約による権利を行使するだろうというのである。そこで日本政府は一九〇七年二月二十四日、次のような通牒を送った。

韓国がハーグで開催された万国平和会議に密使を送り日本の韓国侵略を訴えるが、国家代表と認められずにおわる。

韓国で反日運動が激化。

「帝国政府は定住する農業者、農夫またはこれと利害関係を持つ者、あるいは彼らの生産物または作物を共有する者以外で、アメリカ本国に入国しようとする熟練または未熟練の日本人労働者に対しては、旅券を査証しないという現行法を拒否し、あるいは修正しようとする意向を持たない旨を申し述べたい。帝国政府は、全ての労働者の旅券にその目的を記入する現行習慣の持続に伴う法規を日本側が厳守することによって、アメリカが新法規を制定するに当たって、それをさらに完全なものとし、かつ付加条項の適用を不必要なものとすることを確信するものである」

これは紳士協定交渉の基礎となった通牒である。そこでルーズベルト大統領はカリフォルニア州知事と交渉を行い、州議会および排日法案の通過を停止し、五月三十日、正式に学童隔離命令を取り消させた。翌日には大統領の命令によって新しい旅券法が有効となり、日本は労働者をアメリカに直送しない政策をとることになった。こうして日本の自制により、いわゆる「移民制限時代」に入ったのである。紳士協定が効力を発生すると日本移民の数は減少し始め、この年の十月には帰国者の数が入国者の数より多くなった。紳士協定の内容は次のようなものである。

「アメリカ政府は、日本政府がアメリカ本国への旅券を労働者でない者、あるいはかつて居住した労働者で居住権を回復しようという目的で来航する者、あるいはアメリカに住む両親、妻、または子供と一緒になるために来る労働者、あるいはアメリカにおける農業企業に対し、すでに所有する利益の実際的支配を回復しようとして来航する労働者に限り、下付することを期待する。こうして受領される労働者の旅券は、『以前の居住者』『居住者の両親、妻および子供』『定住する農業者』の三種になるだろう。ハワイの移民に関しては、日本政府自身の意思において今後、同地への労働階級の旅券は『以前の居住者』および『居住者の両親、妻および子供』に制限されるだろう」

フィリピンで連合国民党結成

独立は希望するが、即時アメリカより分離することには反対する親米的漸進主義者は、三月十二日、連合国民党を結成。有力な党員にはデル・パン、アプシブレ、リオンソン、オカンポ、ゲレロ教授らが名を連ねた。こうしてアメリカの領有当時のように直接行動で独立を遂げようとする分子はしだいに姿を消し、合法的手段で独立を獲得しようとする運動は年を追うごとに熾烈化。年内に、ジョーンズ法が制定されると一段と白熱化した。

インド志士の運動取締りを強化

イギリスはインド民衆が非常に動揺していることに狼狽し、不穏集合禁止法、爆発物取締法、印刷物取締法を制定して、言論集会などに関する取締りを厳重にした。

高平・ルート協定　太平洋方面に対する日本・アメリカ両国の権益維持を相互に確認。

一九〇八

明治四十一年

桂内閣。

高平・ルート協定成立

桂・タフト協定が東アジアだけのアメリカの自己勢力保全を目的としたものであったのに対し、太平洋の全領域にその効用を拡大する協定が十一月三十日、駐アメリカ大使高平小五郎とアメリカ国務長官エリフ・ルートとの間で締結された。ところがこの協定は桂・タフト協定と同様、上院の批准を得ることができなかったので、ルーズベルト政米サンフランシスコでアメリカ外交顧問が日本の韓国保護政策を称賛したため韓国人に狙撃される。

権時代に適用されたに過ぎなかった。

アメリカ国務省内に東アジア部を新設

アメリカ大統領ウィリアム・タフトのもとで国務長官となったフィランダー・ノックスは国務省内に東アジア部門を新設した。初代アジア部長は二等書記官として北京公使館に勤務したことのあるウィリアム・フィリップスであった。彼は一九〇七年に東アジア問題を担当する第三国務次官ハンティントン・ウィルソンの特別補佐官となり、一九〇八年三月、初代の東アジア部長となったのである。彼のあとを部長心得としてウィラード・ストレイトが一九〇八年十一月から翌年六月まで東アジア問題に関与した。

アメリカの東アジア政策の展開に当たってストレイトが与えた個人的影響は大きい。彼はあまり成功しなかったが、アメリカのセシル・ローズと言える。彼は胸中にアメリカ東アジア侵略の計画を秘め、それを実現しようと試みた。一九〇一年コーネル大学を卒業すると、ただちにサー・ロバート・ハートのもとで中国海関に三年間勤務した。日露戦争ではジャーナリストとなり、従軍記者として朝鮮に赴いた。ここで朝鮮駐在アメリカ公使と会い、私設秘書兼副領事として京城に駐在。日本の朝鮮併合を身近に見ることができた。京城公使館の閉鎖とともに公使に従ってハバナに赴任したが、数か月後の一九〇六年六月、満州の奉天に新設されたアメリカ領事館に総領事として赴任した。この間にルーズベルト大統領、鉄道王ハリマンと知り合って尊敬され、一九〇七年に第二回親善使節として日本に派遣されたタフトもストレイトに会って尊敬するようになった。

樺太でロシアとの境界画定。

台湾縦貫鉄道が全通する。

陰暦廃止が決定。

二十八歳の時に東アジア部長心得となって帰国した際、彼は「ドル外交」と称する外交方策の大計画を抱いていた。ストレイトは京城にいた頃からアメリカが東アジアで勢力がないのは、アメリカの対中投資額が少ないからであるという結論に達していた。彼は貿易や商業すなわち「反対者を凌ぐ商取引」だけでは意味がなく、所有権のみが政治的勢力に楔を入れることができると考えていたのである。ストレイトはこうした傾向を訂正して中国に大規模に進出し、アメリカの勢力を強化しようという腹案を持っていたのである。

インドネシア最初の政党ブディ・ウトモが誕生

オランダ領東インドでは比較的最近まで民族運動で見るべきものはなかったが、時がたち、教育が高まるにつれ、穏やかなインドネシア人の眼にも父祖代々の地に乗り込んできたオランダ人が、あたかも天から授かった土地ででもあるかのように支配している不合理が眼についてきた。折しも日露戦争が起こり、東アジアのはるか遠くの小国日本が世界最強を誇っていたロシアを見事に撃破した。この事実は全インドネシア人の胸に強い衝撃を与えた。「有色人種でも一致団結して国力を養いさえすれば、傲慢な白人の支配から離脱することができる」という自覚を促すことになり、野を焼く火のように、この風潮はたちまちインドネシアの知識人の中に沁みこんでいった。

日本の大勝が与えた影響はインド、トルコ、中国などにも大きく作用し、いずれも活発な民族運動を展開したので、これらの諸国の動きはさらに強くオランダ領東インドにも反映し、その交流作用によって一段と民族的刺激が強化され、一九〇八年、最初のインドネシア政党ブディ・ウトモが誕生した。中心人物はインドネシア人の医師ワヒディン・スディロフソドで、その頃にはまだ学生だったストモ博士、グーナワン博士らによりバタビア市で組織された。

インドの国民運動が暴力化

この年の春、ピハールのムザツハールで革命運動に参加した青年に笞刑を科したイギリス官吏の暗殺が企てられ爆弾が投げられた。これが誤って二人のイギリス人女性が倒れて以来、ますます暴力的方法が使われるようになった。ベンガル州知事アンドリュー・フレザーは何度も暗殺されかかり、総督カーゾンもアーメダバードで爆弾で襲われ、かろうじて難を逃れた。同様の危害に遭うイギリス官吏が続出した。

一九〇九

明治四十二年

ストレイト、対中国アメリカ鉄道投資団の在北京代表となる

一九〇六年から一九〇八年までストレイトは奉天の領事館におり、満州に対してアメリカ商業の高圧的販売政策を樹立。またハリマンと協同で世界一周アメリカ鉄道に結びつける満州鉄道を計画した。さらに彼はアメリカ宣伝局を援助して日本に対する悪い宣伝を行ったので、日本大使は国務長官ルートと国務省に対して同局を閉鎖してもらいたいと抗議した。アメリカ政府は彼を奉天から召還したが、これはストレイトにとって不名誉なことではなく、母国に帰ると、間もなく、東アジア部長心得に就任したのである。東アジア部長心得となったストレイトは銀行団と手を握り、ハリマンの意を汲んでドル外交の実現に懸命に取り組んだ。その企みが実を結んでＪ・Ｐ・モルガン商会、第

満鉄とロシア鉄道が連絡。

沖縄県初の県会議員。

一ナショナル銀行、ナショナル・シティ銀行、ハリマン、クーン・ローブ商会を結びつけて一丸となり、大規模な対中投資団を組織され、モルガンがその総代表となると、ストレイトは北京代表に選ばれた。

アメリカが満州鉄道の中立化を策す

一九〇九年の夏、ストレイトとハリマンは東中国鉄道をロシアから買収し、南満州に満鉄の並行線を建設して日本を脅かそうと謀った。九月十日にハリマンが急死したが、十月二日、満州地方政権とアメリカ投資団などとの間に錦州・愛琿鉄道の予備交渉が成立し、アメリカ側の出資によってイギリス側が建設に当たることになった。アメリカ国務長官ノックスはこの鉄道計画に日露両国が反対するのを見越して十一月六日、まずイギリスのサー・エドワード・グレイに向かって二つの驚くべき提議を行った。第一は英米が一体となって満州の全鉄道を完全に中立化させることであり、第二は鉄道中立化が不可能な場合、イギリスはアメリカと合体して錦州・愛琿鉄道計画を支持し、「満州の完全な中立化のために、関係各国を友好的に誘引する」というものだった。続いて十二月十四日、日本、中国、フランス、ドイツおよびロシアの各国政府に示した。

イギリスがベンガル分割を修正

ベンガル州を東西に分割することはヒンドゥー教徒の猛烈な反英熱を煽り立てたので、イギリスはこれを修正し、ヒンドゥー教徒の要求を満足させた。これは、これまでイギリスの味方となってヒンドゥー教徒に反抗し続けてきたイスラム教徒による全イン日本が韓国の司法権を掌握。

韓国中央銀行設立。

伊藤博文、ハルビンで朝鮮独立運動家の安重根によって暗殺される。

ドイスラム教同盟のイギリスに対する信頼を著しく失わせた。こうした折に起きたイタリア・トルコ戦争（一九一一年）、バルカン戦争（一九一二年）でトルコが敗北し、イスラム教国であるトルコが衰亡したのを見て、全インドイスラム教同盟は深く同情し、イギリスに離反してインドに適応した自治組織をつくる運動を起こすことになった。

モーレー・ミントー改革法成立

インドの様子がようやく騒然となってきたので、イギリスはある程度までインド人の自治要求を受け入れることになり、インド大臣ジョン・モーレーはインド国民会議穏和派のゴケールらの意見を取り入れ、総督ミントーと協力してインド統治の改革を図り、モーレー・ミントー改革法が発布された。この改革法により、インド総督のほかに中央に帝国参事会、地方に立法参事会を設け、インドの上流社会から公選された議員を加え公益に関する問題について議決する権限を与え、財政問題について動議を提出することを許し、さらにインド事務大臣の諮問機関であるインド会議にはヒンドゥー教徒を各一名ずつ加えることにした。しかし、こうした姑息な改革でインド人を満足させることはできず、ダダボイ・ナオロジーらが中心となってインド自治問題を提唱し、インドを自治植民地にしようとする運動を起こした。

イギリスがマレー半島を統一

ケダー、ケランタン、トレンガヌ、パーリスの四国はタイの属国だったが、ようやくマレー半島一帯に勢力を拡大したイギリスは、タイに圧力を加え、イギリス・タイ条約を締結してこれらの小国を奪って保護領とし、長年の野望だったマレー半島の統一を完成した。

イギリスがペナン・バンコク間鉄道敷設権を獲得

イギリスはタイを圧迫してペナン・バンコク間の鉄道敷設権を獲得した。

満州鉄道中立化計画が失敗

アメリカは満州鉄道中立化計画の提案についてイギリスに協同するよう求めたが、イギリス外相グレイは「この問題の一般的原則は門戸開放、商業上の機会均等に関する限り、イギリス政府のそれと完全に一致し、これらの諸原則は中国の満州支配を完全に確保するために適用されるべきであると信じる。しかし私には、漢口鉄道借款の交渉が解決しない限り、中国の鉄道会社に対して他の国際的借款問題を考慮するのは望ましくないように思われる」と回答したので、アメリカの企みは失敗した。

アメリカ、漢口鉄道借款団に加盟

ストレイトはイギリス、ドイツ、フランスの三国が共同資本によって漢口を中心に一大鉄道の建設を計画しているのに対して、猛烈な割り込み運動を企み、十一月十日、四国協定が成立した。

一九一〇

明治四十三年

韓国で日韓合邦反対の暴動。

大逆事件。

日韓併合。

韓国の国号を朝鮮と改める。

朝鮮総督府設置。

一九一一

明治四十四年、西園寺内閣。

日米新通商航海条約調印。

日英新通商航海条約調印。

朝鮮総督暗殺未遂事件。

明治四十四年

関税自主権が回復。

一九一二

大正元年

沖縄県に衆議院議員選挙を施行。

ダライ・ラマ、チベットからインドに逃れる

中国は改めてチベットに注意を向け、中国の各州と同様の組織を施行しようという計画を立て、四川総督趙爾豊を駐チベット弁事大臣に任命し、その計画を実行させる手筈とした。したがって中国はチベットに対して強圧を加える必要を感じ、趙爾豊配下の軍隊を四川省からチベットに侵入させた。趙爾豊の軍隊がチベットの首都ラサに達したのは、一九一〇年二月である。そこでダライ・ラマは南に脱走し、国境を越えてシッキム国の首都ダージリンに滞在し、その間、カルカッタに赴いてインド総督ミントーに会見した。イギリスとしては、もしチベットが動揺すれば、当然インドの北境に影響があるところから、積極的な干渉を行いたいところだったが、先に締結した英露協商に気兼ねして積極的な行動を差し控え、次の機会を狙った。

インドの首都がカルカッタからデリーに移る

イギリス皇帝ジョージ五世がインドに渡り、インド皇帝として戴冠式を行うに当たり、首都をカルカッタからデリーに移した。デリー遷都の理由は、首都を他に移してベンガル分割問題で興奮したベンガルの人心を鎮め、都をムガール帝国の旧都に戻してイスラム教徒の歓心を求めようということである。

イスラム同盟

インドネシアでインディアン党が誕生。インドネシアでは二つの政治団体が結成されたことになる。

一九一三

大正二年

桂、山本権兵衛内閣。

護憲運動が起こる。

カリフォルニア州議会、排非白人土地法を制定

アメリカ在住の日本人は、不法極まる圧迫を受けながらも着々と発展の道をたどりつつあった。土地に根を下ろした者は、どんな人種にも増して優秀な農業者となった。果樹の栽培に、花園の経営に、あるいは馬鈴薯や野菜の栽培に、行く先々で不可能なことはない才能を示した。農園あるいは敷地を購入して永住もしくは半永住の計画を立てる者がしだいに増加した。都市居住者も農業従事者に引けをとらなかった。料理店に、雑貨店に、あるいは洗濯業にと進出して、その職業はあらゆる分野にわたり、大正初年には太平洋の諸州、中部から遠い東部におよぶ在留邦人はほぼ十万に達した。この状況を見た排日運動家は、さらに根本的な日本人排撃の方策を画策し、カリフォルニア州議会は日本人の土地所有を禁止し、かつ借地期間も三年に制限する法案を可決した。

モンゴル・チベット協約成立

一九一一年、中国に辛亥革命が起きたので、機会を狙っていたイギリスは、ロシアがモンゴルに手を出したことに応じてチベットに勢力を拡張することになり、同国をそそのかして独立させようとした。ここでチベットは一九一二年四月頃から中国に反抗する運動を開始し、八月に入ってダライ・ラマはついに独立を宣言した。

中国はチベットに兵を進め、中国とチベットは戦ったが、イギリスは常にチベットのために中国側に反省を促してきたので、イギリスと中国の関係はチベットをはさんで極めて微妙なものとなった。ところが、一九一三年一月、ダライ・ラマはモンゴルの活仏と手を握ってモンゴル・チベット協約を結んだ。この協約の内容は、相互に独立を認

対中国五か国借款団、中国と借款協定を調印。

袁世凱軍が南京を占領したため、日本軍陸戦隊が出動。

め、相互に援助し、交通を自由にすることを約束したものだった。

イギリス、チベット、中国が三国会議を開く

モンゴル・チベット協約の成立は中国を驚愕させたが、その背後にはモンゴルの保護者を任ずるロシアと、チベットの後援者を任ずるイギリスとの間に必ずなんらかの妥協があるはずだと思われており、やはり、この背後にモンゴルおよびチベットに関するイギリス・ロシア協約があることが明らかとなった。

すなわち、それはイギリスとロシアとは、それぞれチベットとモンゴルとを自国の勢力範囲とすることを約束したものだった。イギリス政府の御用新聞であり、その論説がイギリスの外交方針を暗示すると言われていた「ロンドン・タイムス」は、チベットに対する強硬な意見を公にした。イギリスのチベットへの野心はいよいよ露骨になったのである。

中国政府は英露協約のことを聞いて非常に狼狽し、イギリスと交渉を開く必要を認め、イギリス、チベット、中国の三国会議をインドのダージリンで開くことになった。

この会議の開催地は、のちに西北インドのパンジャブ州シムラに変更されて一九一三年十月から開かれ、間もなくデリーに移されて会議が続けられた。しかしイギリスのチベットに対する意見は非常に強硬で、容易に妥協点を見出すことができず、翌一九一四年七月になってまったく行き詰まり、ついにいったん停止することになった。このような時期に第一次世界大戦が勃発したので、三国会議は未解決のまま放棄された。

一九一四

大正三年

シーメンス事件。

大隈内閣。

第一次世界大戦。

イギリス・中国の間で沙興鉄道借款成立

沙興鉄道は長さ八〇〇マイル、揚子江岸の開港場である沙市の対岸から南へ常徳、辰州、徽州、鎮遠、貴陽などを経て貴州省の興義に至り、ここでフランスの欽渝線に連絡するものである。借款の金額は一千万ポンド、前貸し五十万ポンドである。

イギリスとフランス、中国で浦信鉄道借款成立

十一月十八日、イギリスはフランスと協同して浦信鉄道三五〇マイルの借款に応じた。金額は三百万ポンド（前貸し二十万ポンド）。これは南京対岸の浦口から西の信陽に達するもので、東方の津浦鉄道と西方の京漢鉄道とを連絡するもので、経済上非常に有効な鉄道である。

イギリスと中国の間で寧淞鉄道借款成立

イギリスはそれまで揚子江一帯で自国の勢力範囲と見なし、他国の侵入を妨げることに専念してきたが、この寧淞鉄道は揚子江地方とインドとを結びつけようというもので、その第一歩とし成立させたものである。すなわち、この鉄道は南京から西の湖南省長沙に至る七七四マイルと、その支線（蕪湖、杭州、武昌に通じる三線）を含み、借款の額は八百万ポンドで前貸し五十万ポンドになり、借款が成立したのは三月三十一日だった。この線は西に向かって進むものだが、それをインドに結びつける中間の連絡としてイギリス領ビルマから雲南省に通じる緬津鉄道を計画したが、その借款は成立しなかった。

第一次世界大戦で、日本がイギリスの要請によりドイツに宣戦布告。

日本はドイツの東アジアの拠点である青島を攻略。

太平洋のドイツ領諸島を占領。

日本の対独宣戦に対し、アメリカが通牒を発す

日本政府がドイツに対して宣戦布告すると、アメリカ政府は八月二十八日、「合衆国は日本のドイツに対する最後通牒について、意見を発表することを見合す」という通牒を送り、さらに「ヨーロッパの戦況にかかわらず、かつて声明したように、アメリカは絶対中立を維持し、外交政策とする。そして合衆国政府は日本の意向について次のように記録する機会を持っている」として、「第一に日本は中国において領土拡張を求めないこと、第二に膠州湾を中国に返還すること、第三に中国国内に重大な動乱もしくは事件が発生した場合、日本は膠州湾領域外において行動するに先立ち、アメリカと協同すること」などを要求した。

インドで既存の政党に加え二つの政党が結成される

インド社会民主党、スンダ人会が誕生し、相呼応してイギリスに対する自治権の獲得を目指して活発な運動を展開した。

ガンジー、インドに帰る

マハトマ・ガンジーは一八六九年にインドのクゼラットの名家に生まれ、敬虔なヒンドゥー教徒の家庭に育った。成長してロンドンに留学して法律を修め、二十二歳の時に帰国したが、一八九三年以後は南アフリカのプレトリアで多数のインド人が迫害されているのを見て同地に渡航し、在留インド人のためイギリスおよび南アフリカ政府の政策に反対し、その後ついに獄に投じられたが、二十年の辛苦ののち人頭税を撤回させることに成功し、一九一四年にインドに帰った。

一九一五

大正四年
対中国二十一か条要求。
中国で反日運動高まる。

日本の対中国二十一か条要求に対してアメリカが抗議書を提出

五月十五日、アメリカ国務省は、「日本政府と中国政府との間に開始され、まだ未定のままである交渉の細目およびその結果として取り決められた協約に照らし、アメリカ政府は日本帝国政府に対して、日本政府と中国政府との間に締結され、または締結されるべきいかなる協定または企図に対しても、アメリカおよび中国在住のアメリカ人の条約権、中国の政治的領土的保全、あるいは通常開放政策として知られる中国に関する国際政策を侵害するものは、アメリカ政府として承認できないことを光栄にも通告する」という傲慢不遜な通牒を日本政府および中国政府に送った。

日本の対中国二十一か条要求に対してイギリスが抗議

一九一五年五月六日、イギリス政府は日本に対して「イギリス政府は、日本と中国の間で戦争が想定されることに対して重大な関心を持っている。これは日英同盟の主要目的の一つである中国の独立と領土保全とを侵害するだろうと思われる。同盟条約第一条により、われらは日本政府がわれらに協議と友好的決定とを推進すべき機会を与えずに、ついにわれらを中国に対する協定の可能性から締め出すようなことがないと確信する」と覚書を送った。

イギリスは中国における権益、とくに豊富なイギリスの商業地帯である揚子江の心臓部が脅かされることを危惧したのである。

日本政府がインド革命志士ラス・ビハリ・ボースを救出。

ガンジーが非協力運動を開始

インドに帰ったガンジーはインド興隆の方法およびその実行を目的とするサティアグラハ協会を設立し、不殺生、独身、粗食を旨とし、不必要な物を所有せず生活を単純化して盗みをしないことなどを約束し、インドの国産品を重んじる精神を鼓舞した。

インドのイスラム教徒・ヒンドゥー教徒が結合

この年、インド国民会議と全インドイスラム教同盟とが同時期にボンベイで大会を開き、インド国民運動史上に新生面を開いた。ヒンドゥー教徒とイスラム教徒の軋轢、闘争はイギリスの分裂制御政策の基礎であり、この両派が抗争する限りインドの統一は不可能であり、イギリスの統治は不可能であると考えられていた。しかし、今や両派の代表者は一致協力して国民運動の達成を誓うことになった。

イスラム教同盟の首領ハックは大会の席上、全インドが一致団結する必要を力説し、宗派の違いを問わず運命を共にする同胞であることを強調し、「私は第一にインド人である。第二にもインド人であり、最後までインド人である」と絶叫して満場の喝采を博した。

インドのラホールなどに暴動発生

インドのラホールを中心として、排英をモットーとする暴動が企まれ、イギリスはかろうじて鎮圧した。

一九一六

大正五年

寺内正毅内閣。

海軍航空隊設置。

アメリカの対中国借款が成立

アメリカのレー・ヒギンソン商会は、三年期限で、六分利中国国債五百万ドルの売り出しに同意し、淮河と大運河地帯の疎水と灌漑工事費の借款に応じ、湖南省株州から広東省欽州まで六〇〇マイル、河南省周家口より湖北省襄陽に至る約二〇〇マイルの鉄道借款に応じた。

イギリス帝国議会およびイギリス帝国軍事内閣にインド人代表が参加

アイルランド人アニー・ベザント夫人によって組織されたインド自治同盟に呼応してインド独立運動の指導者ティラクも盛んに自治を宣伝し、帝国参事会の民選議員も第一次世界大戦に対してインドが尽くした忠誠（対戦中、インドは政争を中止して安定を保った）に報いるため、インドに議会政治が実現されることを願った。そこでイギリスはイギリス帝国議会およびイギリス帝国軍事内閣にインド人代表を列席させた。

フィリピン統治に関するジョーンズ法可決

フィリピンに確実な政府が樹立されるのを待ってアメリカの主権を撤去する、というアメリカ国民の意図を反映させたジョーンズ法が制定された。そこでフィリピン委員会は廃止された。これに代えてフィリピン上院二十四名のうち二十二名を選挙により、二名を総督の任命により非キリスト教居住地域を代表させた。従来のフィリピン議会を下院と改め、定員九十三名中九名は総督の特別行政区を代表させた。改組後のフィリピン議員の立法事項は拡大され、関税、通貨、移民、公有地についても立法権を認められたが、アメリカ大統領の裁決を要することはもちろんである。アメリカはフィリピンを自治領としたのである。

これについてアメリカ大統領ウィルソンは次のように述べた。

「アメリカ・スペイン戦争における合衆国の目的は、現在、過去を通じて、フィリピンの征服もしくは領土拡張ではなく、フィリピン諸島に堅実な政体が成立した暁には、フィリピンに対する主権を撤回し、独立を承認することである。この目的が速やかに達成されるために、しばらくフィリピンにおける合衆国の主権の行使を侵害しない程度において、フィリピン側にある程度広範囲の内政を掌握させ、一般的選挙権および行政権を行使させ、完全独立の際において責任を遂行し、特典を受けることに心残りがないように望む」

一九一七

大正六年

日本艦隊地中海派遣。

中島飛行機製作所設置。

中国内政不干渉決定。

石井・ランシング協定成立

十一月二日、アメリカは日本に対し、中国における機会均等などと商業上の門戸開放を約束させ、日本の中国における特殊利益を承認した石井・ランシング協定に調印した。これはアメリカが第一次世界大戦に参戦したため、これまでのように日本に横槍を入れるだけではやっていけなくなったからである。しかし、石井・ランシング協定はワシントン会議において紙くずのように廃棄されたのである。

アメリカが淮河借款、油田借款を行う

アメリカは淮河の治水工事に対する二千万ドルの借款に応じ、陝西省延長県の油田掘

削について米中合弁の契約を結んだ。

イギリスがインドにモンタギュー宣言を行う

イギリスはインド民衆の歓心を買うために、インド事務大臣モンタギューにいわゆる「モンタギュー宣言」を行わせた。彼は一九一七年八月二日、イギリス下院において「陛下の政策――それにインド政府が完全に一致しているのであるが――は、イギリス帝国全体の一部分として、インドにおいて責任政府がしだいに実現されるために、行政のすべての分野に順次インド人の参加を図る政策であり、かつ自治制度がしだいに発展するように図る政策である」と述べた。

一九一八

大正七年

原内閣。

ロシア革命のため神戸、ウラジヴォストーク線休航。

アメリカがシベリアに出兵

ロシアにおいては前年の三月と十一月に革命が起こり、反独戦活動を不可能にした。第一革命の指導者であるケレンスキーは連合国との協同を続けようと試みたが、第二革命によって彼は失脚し、ボルシェビキの天下になると、単独講和の危険が顕著になった。そこで白衛軍の対独戦意を更新する目的と、ロシアにある連合軍の軍需品がドイツの手に落ちるのを防ぐ目的で英仏両国の間では早くからヨーロッパ・ロシアのムルマンスク地方およびウラジヴォストークの両方面から遠征軍を送る計画が進められていた。

アメリカ大統領ウィルソンはムルマンスク遠征軍の派遣には反対しなかったが、シベリア出兵には反対した。ヨーロッパ・ロシアにおけるアメリカ出兵の目的は、ロシアにある連合国軍需品を保護し、かつ対ドイツ戦争を継続しようとするロシア軍の一派を援イギリスの戦車が神戸に入港。
海軍陸戦隊シベリア上陸。
イギリスの要請によりシベリア出兵。
日本、広東軍政府と日中軍事協定。
日中陸軍共同防敵軍事協定。
日中海軍共同防敵軍事協定。
日本軍ハバロフスク占領。

助することにあったが、東部シベリア出兵の目的は、徹底的に日本の北満州およびシベリアへの進出に抵抗するためだったのである。八月十五、十六日の両日にはアメリカの二連隊がフィリピンから派遣され、九月一日にはサンフランシスコを出発した分遣隊とともに司令官グレーヴスがウラジヴォストークに上陸。アメリカ派遣軍の兵力は九〇一四人だった。

四国借款成立

アメリカ資本団代表として乗り込んできたウィラード・ストレイトは、中国政府が財政困難で苦しんでおり、どうしても外国の借款に頼らなければならない状態だったので、ただちにこの借款に応じる準備を進めた。

当時、中国の幣制はあまりに複雑で、外国との通商には不便だったので、ストレイトは中国の幣制を改革しなければならないとし、中国の大借款に応じる準備を進め、一九一七年十一月二十五日に仮契約を結んだ。しかしイギリス、ドイツ、フランスの経済的勢力が根強く張っており、単独で経済的活動を行うのは非常に不便だったので、イギリス、ドイツ、フランスの資本国に向かって借款を共同にすることを説き勧め、一九一八年四月十五日、英米仏独四国が共同で中国の一億両の借款に応じる契約が成立した。

四国借款は幣制改革のためという名目だったが、その一部分は満州における企業資金として使用されるはずだった。これは満州における日本の勢力を抑えるために英独仏の資本国を誘い込んで、満州における経済的発展を目指そうとしたものである。

日英米仏伊五か国が中国の南北政府に和平統一要求。

閣議で中国の南北争乱を助長する借款の締結等を差し控えることを決定。

インドネシアで国民参議会を創設

インドネシア人の諸政党が続々と誕生し、自治権の獲得を目指して活発な運動を展開した結果、オランダ政府も民衆の声に耳をふさぐわけにはいかなくなり、国民参議会を創設して東インドの民族にも発言権を与えることになった。しかし、参議会は総督の諮問機関にすぎず、なんら決定権は持っていなかった。

モンタギュー・チェルムスフォード改革法成立

第一次世界大戦中、すぐにもインドに自治が与えられるような口ぶりでインド民衆を歓喜させたイギリス当局も、戦争が終了すると前言をまったく顧みず、非常に漸進的なインド大臣モンタギューとインド総督チェルムスフォードのインド施政改革案を発表した。この案の中には、行政各方面に一層広くインド人を採用し、インド責任政府を実現させる目的で自治制度の漸進を期したもので、その中央行政機関は総督と総督の補佐機関である総督行政参事会が最高の執行機関で、内務、外務、政治、財政、軍事、公共事業などの十一省を統括する。

中央立法機関はそれまで一院制で、総督立法参事会といったが、これを二院制の立法府に改め、上院は議員六十名で、官選議員七名、官吏議員二十名、民選議員三十三名からなる。下院すなわち立法議会は百四十五名で成立し、そのうち七分の五は民選議員で任期は三年とし、民選議員は選挙法令に基づき制限選挙によって選出される。こうして、それまで官選議員の団結が民選議員を圧倒した弊害を除き、民選議員が多数となるよう保証した。しかし、中央立法府の権限は常に総督を拘束するものではなく、総督は第一次世界大戦が終結。

「認証」という特別権限によって立法府が可決した法案を拒否し、または立法府が否決した法案を裁決し許可することができるので、総督の独裁権は完全に保留されているのである。したがって、責任政府の制度が認められたわけではない。

新たな統治法の特色は二元政治という特別の地方制度を設けた点にある。地方は三省六州と九つの小行政区画に分かれ、地方長官は省知事および州知事である。知事は行政参事会の補佐により地方行政を統括する。地方の立法事項は保留事項と委譲事項の二種に分かれる。前者は総督が行政参事会の補佐により職務を行う権限を持つのに対し、後者は地方立法議会の民選議員の中から選任された大臣の諮問を経て職務を行うことになっている。すなわち保留事項の行政は知事その他皇帝の官吏の権限に任せられているのに対し、委譲事項の行政は民選議員の代表者と協力して知事が行うとするのである。

保留事項の主なものは土地収入、飢饉救済、灌漑、森林、民事刑事裁判所、警察、監獄などである。委譲事項には市町村の自治、医療行政、保健、衛生、病院、施療所、養育院、普通教育、公共事業、道路、橋梁、組合事業、酒類取引のようなものが挙げられる。地方立法議会は中央議会と異なり、一院制で民選議員、官吏議員および官選議員が一、二、七の割合で成立する。議員数は州によって異なり、ベンガル州では百三十九人おり、アッサム州は五十三人である。この地方制度においては部分的な地方自治を認め、これによりインド人にしだいに地方自治制の運用に熟練させようというものである。しかしインド人が望む自治要求とはほど遠く、インド民衆がこれに満足しなかったことは言うまでもない。

一九一九

大正八年

韓国で独立宣言発表。民間運動が拡がる。

三・一事件。

中国国民党成立。

ヴェルサイユ条約でウィルソンが日本に挑戦

ウィルソンは大戦の戦勝国である日本、イギリス、アメリカ、フランス、イタリアの五大国による十人会議に例外を設けて中国代表を出席させたり、アメリカ流の正義、人道を振りかざし、国際連盟の規約を制定して日本の膠州湾およびドイツ領諸島を日本が所有することを拒絶して国際管理下に置こうとし、しかも日本の人種平等案に反対したのである。そして一月十八日に開催されたパリ講和会議は、猛烈なアメリカの日本攻撃のうちに六月二十八日、ヴェルサイユ条約調印を終えた。

日本政府、写真結婚の禁止に同意

初期の在米日本移民の多くは男子だった。彼らは若くして太平洋を渡り、首尾よく異国で一旗揚げようとした勇者ばかりだった。だから数年の辛苦ののち、ようやくその基礎が固まると、一生の伴侶となる配偶者を必要とした彼らは、日本国内に委託して結婚する方法を広く行っていた。日本国内の家族は、移民のために花嫁を選び、写真を送って同意を求めるのである。これがいわゆる写真結婚である。この適法な習慣をアメリカは「紳士協定の巧妙な詐欺である」と不当な言いがかりをつけ、アメリカ国務省は一九一七年、日本に抗議した。

この結婚の正当性については両国間で大いに議論が続けられたが、日本政府は一九一九年十二月十三日、「この禁止はアメリカとの友好関係を促進する」ために行うと付け加えて翌年二月以後、写真結婚の花嫁に対して旅券を出さない旨を確約束した。

中国、北京で排日運動が起こる。

イギリス、インドでローラット法を制定

イギリスは大戦中、できるだけインド人の反英運動を防止しようとし、インド防御法を制定して犯罪の検挙、犯人の処罰などに関する手続きを簡単にし、それによりインド民衆の不安を抑え、暴動の主導者となるような人々を抑留したり追放したりした。この法律は時局に対する必要以上にインド人民の正当な権利と自由とを過大に制限するものとして避難されたが、戦争終了後六か月で廃止された。インド防御法が廃止されると、先に抑留されていた志士たちは釈放され、ヨーロッパ戦線に送られていたインド兵も大勢帰国したので、イギリスは新しい法律を作って革命的運動を抑える必要を感じ、判事ローラットを委員長として新法案を起草させ、インドは人民を挙げて反対したにもかかわらず、七月、イギリスは強行的に立法議会を通過させた。これをローラット法という。ローラット法によれば、反逆罪は陪審員を用いず、三人の裁判官によって審理できることとし、必要な場合には地方官に人民を抑留することを許し、この法律の施行区域は総督が定めることとした。

ガンジー奮起す

ローラット法の制定は、ごく一部の穏健派を除くほとんど全員の国民主義者の反抗を招いた。急進派はティラク、アニー・ベザント夫人、モハンダース・ガンジーの指揮のもと、激烈な反対運動を開始した。とくに全インドを引き付けた運動は、ガンジーによって指揮されたサティアグラハの大運動である。この言葉は「真理の把握」と意味し、インド精神の精髄である真理に対する不動の確信のもとに、勇猛不退転の行動に出る主

張であり、純真なインド主義の発露である。彼はモンタギュー・チェルムスフォードの改革実行を不可能にさせる目的を持って「武器を用いない非協力」の旗幟を掲げ、全インド人に対して進んでイギリス製品をボイコットし、租税不納同盟を提唱した。ガンジーは自らチャルカ（手紡車）を操り、カッダー（粗綿布）を着てプールナ・スワラージ（完全なる独立）を目指して運動を起こしたのである。

一九二〇

大正九年

日英米仏の対華借款団。

鉄道省設置。

イギリス軍、インドで群集を虐殺

四月、パンジャブのアムリツァールで、ローラット法への抗議に集まった五千人の群衆を鎮圧するため、ダイアー将軍が指揮するイギリス軍が出動。群衆に向けて発砲し、五百人の死者と二千人の負傷者を出し、全インドを震撼させた。

イギリスがインドで新統治法による最初の選挙を行う

新統治法による最初の選挙は、ガンジーが指揮する非協力派の猛烈な反対のもとでかろうじて行われた。ガンジーの一派は選挙に参加せず、穏健な自由派だけが参加し、中央および地方の立法議会で相当の議席を占めた。新統治が破壊を逃れたのは、主としてこの派の力による。こうしてガンジーは所期の目的を達することができなかった。

ドイツ領ニューギニア、オーストラリア委任統治領となる

旧ドイツ領ニューギニアは十二月十七日以来、オーストラリアの委任統治領となった。オーストラリアの委任統治領にはこのほかにビスマルク諸島、ソロモン諸島の中の

一九二一

大正十年
高橋是清内閣。
満蒙政策決定。
閣議でシベリアからの撤兵決定。

イギリス領でなかった部分、すなわちブーゲンビル島、ブカ島および付近の諸島が含まれている。

ナウル島がイギリスの委任統治領となる

ナウル島は一七九五年にジョン・ファーン船長によって発見され、一八八八年以後ドイツ領となるが、第一次世界大戦勃発と同時にイギリス海軍に占領され、一九二〇年十二月十七日以後イギリスの委任統治領となった。

西部サモア、ニュージーランドの委任統治領となる

第一次大戦下の一九一四年八月二十九日、イギリスはドイツ領サモアを占領した。一九一九年のヴェルサイユ平和条約によりドイツは一切の海外植民地を放棄させられることになり、国際連盟はドイツ領サモアをニュージーランドの委任統治に委ね、一九二〇年十二月十七日、西部サモアはイギリスの支配下に入った。

アメリカ・中国無電契約成立

日本の三井物産と中国海軍部との間で、中国の無電事業を独占しようという協定が一九一八年に成立しているにもかかわらず、中国交通部はアメリカのフェデラル無電会社との間にアメリカ・中国無電契約を結んだ。日中間に締結された協定は秘密協定として一般に公開されなかったことが、老獪なアメリカの付け目となったのである。アメリカが中国と取り交わした契約は次のようなものだった。

衆議院で軍備制限決議否決。
皇太子裕仁親王外遊。
中国共産党結成。

一、ヨーロッパ、日本、フィリピン、サンフランシスコ、シンガポールなどの外国無線電信台、海上商船および国内電台との無線通信。
二、上海に一千キロ一局、北京に六百キロ、広州、漢口、ハルビンに二百キロ各一局の電台建設。
三、総米貨四百六十万七千五百余ドル、十年間割賦償還の借款。
四、同じく十年間、フェデラル無電会社の管理に属すること。

日本はこれに抗議したが、アメリカはイギリスを巻き込んでおり、結局日本は泣き寝入りすることになった。

イギリスが日英同盟破棄

イギリスははじめ、東アジアにおける膨大な権益を確保するため、日本との同盟を必要としていたが、その後の日本の国際的な台頭に対して、日本の発展に脅威を感じていた。一方で、アメリカの東アジア政策は日本と常に正面衝突しつつあった。ここで第一次大戦後、アメリカの言いなりになっていたイギリスは、ここでもアメリカに追随してワシントン会議を開き、日英同盟を破棄して四か国条約を締結した。

ワシントン軍縮会議

ワシントン軍縮会議は、アメリカが十分な遠慮をもって日本を抑圧しようと謀り、これに成功したものだった。

「ハーディング政権は、アメリカ極東政策の国際的成文化を諸条約によって達成した国有財産法発布。
閣議で南洋諸島の統治方針を定める。

のだった。一九二一年から一九二二年にかけて行われたワシントン軍縮会議は、シベリア出兵、新借款団の組織および山東の中国返還問題に続く日本の拡張を阻止しようとする第四次の対日外交戦だった。ワシントンの諸条約は、じつにアメリカの伝統的極東政策を本格化したものであった。アメリカは最も包括的な企図のもとに、中国の領土保全並びにそれに依拠すると信じられる一切を維持するために諸条約を構成した。すなわち、中国における門戸開放を国際法の恒久的原則化し、将来のフィリピンの安全に対して保障を得て、飢えた日本の拡張主義をワシントンで製造された堡塁の中に閉じ込めようとしたのである。諸条約は、極東の現状にあるように、相反する諸要素の上に基礎を置きつつ、平和を保障しようとしてペンと紙が達し得た最大限のものだった」

これはアメリカにおける東アジア研究の権威として知られるグリスウォルドの言葉である。アメリカ人自身もまたワシントン会議が日本を抑圧しようとする以外の何者でもなかったことを認めているのである。ワシントン会議で締結された主な条約は、四か国条約、五か国海軍条約、九か国条約の三条約である。そして日本代表は加藤友三郎、幣原喜重郎、徳川家達、埴原正直、アメリカ代表はヒューズ、ルート、ロッジ、アンダーウッド、イギリス代表はバルフォア、リー、ゼッデスであった。

四か国条約

この条約は、はじめ日米英三国間で締結される予定だったが、海軍比率で非常に不満を持っていたフランスの不平を緩和しようとして四か国条約としたもので、締約国は日本、イギリス、アメリカ、フランス。この四か国条約の締結によってイギリスは日英同シベリア撤兵決定。
皇太子裕仁親王、摂政となる。

盟を廃棄したのである。四か国条約の第一条は「もし締約国のいずれかの間に太平洋問題および、いわゆる「権利」について論争を生じ、外交的手段によって満足すべき処置が講じられておらず、各国間の協調に影響を及ぼす恐れがある場合には、この締約国は他の締約国を招請して会議を開き、全員一体となって考慮と調整を図るべきである」とし、日本、アメリカ、フランス、イギリスは太平洋地域における島々である領土および島々である属領の権利を相互に尊重すべきことを規定している。さらに第二条には「もし、いわゆる権利が第三国の侵略的行為によって脅威となった場合には、締約国は緊急の事態に対して最も有効な手段をとるべく了解を得るために、共同あるいは単独で、相互に十分かつ遠慮なく通告すべきである」と規定している。調印が終了したのは一九二二年二月六日である。

五か国海軍条約

締約国は日本、アメリカ、フランス、イギリス、イタリアの五か国。条約が調印されたのは二月五日だった。この条約はアメリカ、イギリスの主力艦のトン数を五とし、日本を三、フランス、イタリア両国を一・七五とし、十か年の建艦休日と、すでに建艦され、あるいは建艦中の特殊な軍艦の廃棄をも規定していた、主力艦および航空母艦の総トン数は三万五〇〇〇トンおよび二万七〇〇〇トンを超えないことを、これら両艦種の搭載砲は十六インチ、八インチであることを定めた。条約は一九三六年十二月三十一日まで有効とし、その後、条約の廃棄を望む締約国は二か年以内に通告する旨が規定された。なお、この条約の十九条として一九二一年十二月十五日に議決された太平洋非要塞化協定が合体された。非要塞化協定の対象となる地域および内容は次のとおりである。
一、太平洋においてアメリカが現在領有し、あるいは将来領有する可能性のある島々である属地。ただし（a）アメリカ沿岸の近接地帯、アラスカおよびパナマ運河地帯（アリューシャンを除く）、（b）ハワイ諸島を除外する。
二、香港および東経百十度以東の太平洋において、イギリスが現在領有し、あるいは将来領有する可能性のある島々である属地。ただし（a）カナダ沿岸の近接地帯、（b）オーストラリア共和国およびその領土、（c）ニュージーランドを除外する。
三、太平洋における日本の島々である領土および属地。すなわち千島列島、小笠原諸島、奄美大島、琉球列島、台湾、澎湖島および将来日本が太平洋において領有する可能性がある島々および属地において「新しく要塞あるいは海軍基地が築かれないこと、海軍力を補修し維持するために、現有海軍の便宜を増大させるどのような手段をも取らないこと、そしてこれらの地帯の沿岸防御を増大しないこと」

九か国条約

この条約は二月六日に調印されたもので、締約国は日本、アメリカ、イギリス、フランス、イタリア、オランダ、ベルギー、ポルトガルおよび中国である。第一条には次のような旨が規定されている。
一、中国の宗主権、独立、領土的、行政的保全を尊重する。
二、中国自らが有力で安定した政府を確立し、維持するために、最も安全かつ最も障害の少ない機会を提供する。

大正十一年、青島守備軍撤退。朝鮮総督府、朝鮮戸籍令制定。

加藤友三郎内閣。

三、中国全土を通じて各国に対する商業的、産業的機会均等の原則を、有効に樹立し、維持するために各々努力する。

四、友好国の国民あるいは人民の権利を剝奪する特殊権益あるいは特権を求めるために、中国における情勢を利用することおよび友好国の安全を害する行為を抑制する。

第二条には「第一条に記載した原則に違反し、あるいは侵害すべきいかなる条約、協定、取り締まり、あるいは了解をも、相互に、すなわち各自または協同して、他の一国あるいは数国との間に締結しないこと」を約束している。

第三条には「一切の国民の貿易および工業に対し、中国における門戸開放あるいは機会均等の原則をさらに有効に適用するために、中国以外の締約国は、左記のことを要求せず、または各自国民が要求することを支持しないことを約す。（a）中国のいかなる特定地域においても、商業上、経済上の発展に関し、自己の利益のために一般的優越の権利を設定することになるあらゆる取り決め。（b）中国において適法な商業あるいは工業を営む権利、または公共事業とその種類を問わず、中国政府もしくは地方官憲と共同経営する権利を他国民から奪う独占権または優先権、あるいはその範囲、期間、または地理的限界の関係上、機会均等主義の実際の適用を無効にすることが認められるような、いかなる独占権あるいは優先権」

このように、アメリカが自国に都合のよい条約を金科玉条として、後に満州事変および大東亜戦争の先駆けである日中戦争において、不法な抗議を送ってきたことは周知のとおりである。日本の台頭を抑えることは、取りも直さずアメリカの東アジア制覇を意味するからである。

一九二三

大正十二年
山本内閣。
陪審員法発布。
北樺太売却日ソ交渉。
関東大震災。

アメリカ大審院が帰化による日本人の市民権獲得不可能の判決を下す

この前年から一九二五年にかけて、アリゾナ、アーカンソー、ルイジアナ、デラウェア、アイダホ、カンサス、ミズーリ、モンタナ、ネブラスカ、ネヴァダ、ニューメキシコ、オレゴン、テキサス、ワシントンの諸州がカリフォルニアとほとんど同様の日本人排斥土地法を制定した。

ビルマが知事の統治下に置かれる

一八九二年以来、準知事によって統治されてきたビルマが、さらにこの年、昇格して知事の統治下に入った。

インドでガンジーが投獄される

ガンジーの運動を禁止しようと機会を狙っていたイギリスは三月十日、ついにガンジーを捕えて禁固六か年の刑に処した。こうして一派の勢力は急速に衰え、同年の選挙にはガンジーの同志だったチッタランジャン・ダース、マティラル・ネルーらはスワラジ党を組織し、選挙に参加した。

一九二四

大正十三年
清浦奎吾、加藤高明内閣。

パンチェン・ラマが中国に亡命

チベットのダライ・ラマが親英派なのに対して、パンチェン・ラマは親中派だった。ダライ・ラマはラマ教の首長であるとともに国家の元首で、政教両権を掌握して専制的権力を持ち、首都ラサのポタラ宮にいた。パンチェン・ラマはチベットの副主として後神戸で孫文による大アジア主義演説。

蔵の日喀則にいて、後蔵を支配する。ダライ・ラマの権力が圧倒的であることから、パンチェン・ラマの地位は非常に不利であり、ついに一九二四年、軍事費追徴問題に関連してパンチェン・ラマは中国に亡命した。一九二〇年以来、チャールズ・ベルを首班とするイギリス顧問団の発議に基づいて、ダライ・ラマはチベット国軍大拡張政策を実施することになったが、この軍備大拡張政策を遂行するには軍事費の増大は必須である。ところが後蔵に勢力を持つ親中派の僧院は強硬な反対を示した。そこで両者の板ばさみとなったパンチェン・ラマの地位が非常に不利になり、ついに国外に亡命せざるを得なくなったのである。

排日移民法、アメリカ議会を通過

前年の一九二三年十二月初旬、市民権を獲得できない外国人のアメリカ入国を禁止する法案が、アメリカの上下院に提出された。これは、明言こそしていないが、外国人とは名ばかりで、日本人排斥を法律用語で粉飾したものである。一九二四年四月十二日、下院は三二三対七一の票で排斥法案を可決した。駐米日本大使埴原正直氏は、四月十日に国務長官ヒューズに次のような通牒を送ってアメリカの注意を喚起した。

「この問題は日本人にとって単に方策上の問題ではなく、じつに原則的な問題である。日本にとって数百あるいは数千の日本人が外国に入国できるかどうかの問題は、国民的感情が高まらないうちは何も大問題ではなく、単なる事実に過ぎない。重要な点は、日本国民が他国民から当然期待できる尊敬と考慮とを払われるかどうかである。言い換えれば、帝国政府はアメリカ政府に対して文明世界を通じて、平和的、国際的関係

大正十一年
治安維持法。
普通選挙法。

大正十四年
上海で五・三〇
事件。

の基礎を形成している一国から他国の自尊心に対して、正当に払われるだろう厳正な考慮を願うに過ぎない。他国との交流に当たり常に正義と公明との高邁な原則に立つ大国である貴国民の意思が、貴国民との友好を維持するために、常に営々と努力している友好的国民の誇りに重大な攻撃を加えるばかりか、アメリカ政府の、少なくともその実行機関の、高貴な精神と名誉とを傷つけるように思える事態の進行は、日本政府にとって信じがたいことである。貴下が絶えず私に対して示された十分な信用を頼りとして、非常に公平かつ友好的な精神によって貴下も同感であることを私は信じつつ、あの特殊な条項を含む処置の立法化は両国の福祉と相互の利益に貢献することなく、むしろ重大な結果を生じるだろうことを繰り返そうとするものである」

アメリカ下院はこの警告に何も注意を払わず、二日後には排日法案を通過させたばかりでなく、ついに上院議員ロッジは埴原大使が使用した「重大な結果」という一言はアメリカに対する「覆われた脅迫」であるという逆ねじを食らわせ、日本が三十年にわたりあらゆる努力を傾けて反対してきた排日移民法は五月十五日に上下両院を通過し、七月一日より有効となったのである。五月三十一日、埴原大使はアメリカ政府に対して、「日本政府は一九二四年の移民法の差別的条項に対して、その記録の中に厳かに抗議を記してこれを維持し、このような差別が撤回され、あらゆる可能で適切な処置が講じられる要求を示す義務を持っていると思う」という悲痛な通牒を突きつけた。このように在米同胞の移民の歴史は、じつにそのまま排日の魔の手に対する彼らの血の出るような、いや、したたる鮮血に彩られた一大苦闘史である。われら日本人は、アメリカ合衆国政府、カリフォルニア州政府およびこれを支持した一般カリフォルニア人の非人道的処置を永久に銘記しておかなければならない。

一九二六

昭和元年

若槻禮次郎内閣。

バタビアでオランダ人排撃の大暴動が起こる

十一月十二日夜半、武装した五十余名の先住民がバタビアのグロドック刑務所を襲撃し、電話局に殺到してたちまち占拠し、その別働隊が市内数か所で高圧線を切断したり放火を企てたりしたが、軍隊と警官がすばやく行動したので、十四日の午後には鎮圧された。このようにバタビア州内のタンゲラン、セラン、メステル、コルネリス、ボイテンゾルグをはじめとするプレアンゲル州内の各地でも反乱が起こった。軍隊と警官は十四日にわたる戦闘の結果、かろうじて鎮圧することができた。この事件はオランダの東インド統治以来はじめて行われた組織的反抗で、逮捕された者は一万三千余名に達し、そのうち約四五〇〇人は自由刑に処せられ、一三〇〇人はニューギニアのジグール川上流で処刑された。

一九二七

昭和二年

田中義一内閣。

昭和金融恐慌。

兵役法公布。

中国で南京国民政府成立。

ジャワ西部スマトラで反乱が起こる

一九二六年、ジャワで起こった大暴動はスマトラに飛び火し、一九二七年一月、スマトラ西部でも反乱が起きたが、軍隊の出動によって鎮圧された。

イギリスがサイモン委員会の設立を発表

モンタギュー・チェルムスフォードの改革法は十年を期間として試験的に行っているものなので、一九二九年には現統治法を維持すべきか、改良すべきかを定める必要があ

一九二八

昭和三年
三・一五事件。
済南事件。
張作霖爆殺事件。

昭和四年、
浜口雄幸内閣。

った。そこで保守党政府は十一月にインド法制改革に関する委員を任命した。委員長はサー・ジョン・サイモンであり、委員には保守党議員二名が任じられた。

この委員会設立が発表されると、インドでたちまち反対の声が上がった。インドの運命を左右する将来の憲法を立案する委員会に一人もインド人は参加させず、インドに関して何も知識を持たないイギリス議員によってすべてが組織されたことは、インド国民に対する侮辱であり、イギリス政府の誠意に疑惑を抱かざるを得ないからである。

インド各派の代表会議が自治権を要求

五月、マティラル・ネルーを議長としてインド各派の代表会議を開催し、イギリスに対して自治権を要求した。しかし、イギリスは何も誠意ある回答をしなかった。

サイモン、インドを視察

サイモン委員会はこの年インドを旅行し、現行統治法の実施状況を視察したが、インド人はこれに対して「サイモン、帰国せよ」のスローガンを掲げて妨害した。

ラホールでインド国民会議開催

十二月二十九日から翌年一月一日まで開催されたラホールの国民会議は次のとおり宣言。

一、スワラジとはインドの完全な独立を意味すること。
二、国民議員はインド立法議会議員を辞職すること。

一九三〇

昭和五年

マリアナ諸島の住民が日本人に土地を奪われたと国際司法裁判所に提訴。

朝鮮で反日デモ。

三、納税の拒否。

議場の周囲に集まった一万五千の群衆は一斉にバンデー・マータラム（インドの愛国歌）を絶叫して天地を震撼させた。

中国四川省・大金寺事件発生

ダライ・ラマは親中派のパンチェン・ラマを追い、親英派勢力によって国内を完全に統一し、大チベット主義実現の機会を狙っていたが、こうした最中に起こったのが大金寺事件である。

川邊の孔薩土司の遺産処分に関する大金寺のラマ（チベット仏教の高僧）と官憲の紛争に端を発し、ついに劉文輝の四川軍は武力で大金寺を占領し、さらにチベットに向かって進撃しようとする気勢を上げた。ここで大金寺ラマの僧兵三千に土兵を加えた五千の軍隊が四川軍に応戦し、猛烈に反撃して四川軍を窮地に陥れた。中国国民党の指導者蔣介石は蒙蔵委員会の意見に基づいて和平解決の策に出たが、時すでに遅く、収拾がつかない事態に立ち至った。

インド独立記念日を挙行

インド国民会議執行委員会は指令を発して全インドのみならず海外の同胞にも一月二十六日を「独立記念日」とする旨を公布。大々的な独立記念日の祝典がインド民衆によって行われた。

台湾で霧社事件が起こる。

ロンドン海軍軍縮会議

ワシントン会議において決定されたのは日本、イギリス、アメリカ、イタリア、フランスの五か国の主力艦の比率だが、わが国の巡洋艦がアメリカ、イギリスに比べはるかに精鋭であることを知ったイギリス、アメリカは、再びわが国の補助艦艇にも制限を加えることになり、ロンドン会議の招集となった。

わが国代表は重巡洋艦およびすべての補助艦について対英七割を頑強に主張したが、受け入れられず、重巡洋艦において六割、軽巡洋艦と駆逐艦においてわずかに高く、潜水艦において平等という比率を押し付けられた。しかし、この条約の有効期間は五か年であり、一九三六年十二月二十一日に終了し、廃棄前一か年に新たな会議が開かれることになっていた。

インドでガンジーが不服従運動を開始

ガンジーによって指揮される非軍事不服従運動の幕は三月十二日、いよいよ切って落とされた。この日、ガンジーは七十九名の義勇隊を引率してアーメダバードを出発し、ダンテの海岸へと行進。この非軍事不服従運動は空前の、猛烈さで、じつに国を挙げての大運動だった。この結果、ガンジー、ネルー父子、ナイズ女史をはじめ国民会議派の首脳部は一網打尽に検挙された。

アメリカ・中国航空契約成立

中国五五〇〇株、アメリカ四五〇〇株の米中合弁により、中国航空公司が成立した。

サイモン報告書発表

六月、二巻からなるジョン・サイモンの報告書が発表された。第一巻はインド統治の現状を調査して報告したものであり、第二巻はインド統治の発展に対する委員会の結論および提案だった。

この第二巻はインド新憲法法案の提案であり、ビルマを分離した全インドで一連邦を組織し、インド王侯領およびインド直轄領の諸州で構成する点で、インド国民会議派の希望に合致するところがなくもない。しかし、インド国民が一致して熱望している自治領の地位を認めないばかりか、軍事、外交、財政、宗教など最重要の事項はすべて総督の独裁権に帰属させるものであり、地方行政においてはいわゆる二元政治を廃止すると言いながら根本的には依然としてこれを存続させ、中央および地方の行政においてわずかな代議制度と責任制度の要素を認めるに過ぎないものである。これはインド人の希望とは非常にほど遠いものだった。このような提案がインド国民主義者を満足させることができなかったのは言うまでもない。

第一回イギリス・インド円卓会議開催

イギリスはサイモン報告書に対するインド国民の不満を緩和し、うまくいけばインド政党各派を分裂させ抗争させようと、英印円卓会議を開催した。最初の円卓会議には国民会議派はまったく参加せず、穏健派だけが出席したが、会議の結果はインドの新組織として連邦制度を採用する原則と責任政府を目標として若干自治を加味した原則を採択するに止まった。

一九三一

昭和六年

若槻内閣。
犬養毅内閣。

満州事変
九月十八日、中国奉天柳条湖付近で、関東軍が満鉄線路を爆破。これを中国側のしわざとして中国に対し総攻撃をかける。

十月、関東軍が張学良の新拠点である錦州を爆撃。

スティムソンが、満州事変に対し日本大使に覚書を提出

アメリカ合衆国国務長官ヘンリー・スティムソンが九月二十二日、駐米日本大使に手渡した覚書は次のようなものだった。

「過去四日間、満州で展開されている事態においては、おびただしい数の国民の道徳、法律、そして政治が関係している。それは日本と中国に限られた事件ではない。それはただちに、ある種の協定の条項、たとえば一九二二年二月六日の九か国条約、ケロッグ・ブリアン条約が意味するような問題を招くものである。アメリカ政府は、日本政府がこのような条約の条項の適用を考慮させるような事態を引き起こし、あるいは両国ともに引き起こす意向を持っていないと信じる。アメリカ政府は、この事件に対して早急に結論を出したり、あるいは一定の立場を取るということはない。しかし、アメリカ政府は疑いなく日本政府を当惑させている極めて不幸な事態があることを感じている。日本軍が南満州で武力を行使し、事実上この地帯を支配しつつあるという単純な理由によって、この事態の清算に関して、事件の成り行きを決定するだろう責任は、大部分、日本側にあると思われるのである」

スティムソン、錦州事件に対して抗議

十月十一日、アメリカのスティムソン国務長官は、日本の幣原喜重郎外務大臣に対し「錦州爆撃に対する日本軍当局の説明は極めて不十分である」と通告した。

満州事変不拡大方針。
上海で大規模な抗日集会。
台湾で第二次霧社事件が起こる。

フーヴァー大統領、フィリピン独立法案を拒否

アメリカ上下両院を通過したフィリピン独立法案は、大統領ハーバート・クラーク・フーヴァーに送られ裁決を仰ぐことになった。フーヴァーはフィリピンの独立は時期尚早とし、次のような長文のメッセージを議会に送って拒否した。

「フィリピンは、隣接諸国に対して比較的広大な未開資源を持っている。この隣接諸国の無制限な人口の圧力は、フィリピンへの平和的侵入あるいは強制的入国により脅威となっている。これらの人種は、あるいは経済的あるいは領土的野心を持つことによって、将来紛争の種となる恐れがあるが、フィリピン人だけの力ではとうていこれを防止することはできない。フィリピンにおけるこの種の問題は、決してキューバあるいは西半球における問題と同一視すべきものではない。さらに政治上の危険性は、アジアの混沌とした現状に照らして一層濃厚なものである。アメリカ・フィリピン間の平和維持および通商関係は今日、非常に複雑を極めている。世界を映し出す写真は非常に不鮮明である。われわれは次の十年、二十年間にはどのようなものが飛び出してくるか、まったく想像もできないのである。フィリピンが内憂外患に打ち勝ち、立派な一独立国となるには、まず経済的独立を成し遂げることが先決である。それには少なくとも二十年を要する。二、三年後に人民投票によって独立を決定するようなことは、自ら滅亡に近づくようなものである。フィリピン島民をわれわれが望む自由と安泰に導くに当たり、安全な大道を選ばなければ、多くの障害を生み出すことになり、危険極まりない新たな小道を歩ませようとするものである」

一九三二

昭和七年
斎藤實内閣。
リットン調査団来日。
日満議定書。
中国国民党が日本の熱河省進出に対し抗日を決定。

アメリカが全米艦隊をハワイに集結して対日示威を行う

アメリカ政府は日本を威嚇する目的で、全艦隊をハワイの真珠湾に集結し、対日進攻作戦の猛練習を行い、演習終了後も艦隊を大西洋に回航させることなく、真珠湾に常駐させた。

デリー休戦協定成立

イギリス政府はこの年一月、ガンジーらを無条件に釈放し、二月からガンジーとアーヴィング総督との間で休戦協定が成立。数回にわたり相談を行い、三月四日、次のような英印協調が成立した。

一、ガンジーおよび国民会議の同志はひとまず絶対的かつ完全な独立を放棄すること。
二、当面の目標として全インド連邦制組織計画を容認すること。
三、連邦制を基礎とする憲法制定にはイギリス、インドともに協力すること。

こうして三月二十八日にインド国民会議はこれを承認するとともに、インドの完全な独立は決して放棄しないと宣言し、ひとまず反英運動は中止された。

第二回イギリス・インド円卓会議開催

ガンジーは休戦協定によって決定した事項を決定するため、自ら国民会議派の代表として八月に渡英して円卓会議に出席したが、いわゆる教派代表割当問題については暗礁に乗り上げ、いたずらにインド政党各派の内紛を暴露したに止まり、十二月一日に何の成果も得ずに休会した。

上海事変。

中国全土で排日運動が激化。

満州開拓計画。

満州国建国。

海軍青年将校を中心とした五・一五事件が起こり、護憲派で軍縮支持・軍隊批判の犬養毅首相が暗殺される。

日本満州国承認。

リットン調査団が三か月にわたり満州を調査、国連に報告書を提出。

スティムソン、満州の事態不承認の通牒を発す

アメリカは国際連盟には加盟していなかったが、これをそそのかして日本に強硬な態度で臨むよう策動し続けた。一月七日、満州の事態を承認しないとする次のような通牒を日本、中国両国に発した。

「アメリカ政府は、中国の宗主権、独立並びに領土的、行政的保全、あるいは通常門戸開放政策として知られる、中国に関する国際政策を包含するアメリカの条約権および在中アメリカ人の権利を侵害するいかなる形勢における現状の正当性をも承認できず、かつ日本、中国両政府あるいはその代表によって締結された条約あるいは協定をも承認する意向を持たない。さらにまたアメリカ政府は、一九二八年八月二十七日、パリにおいて、アメリカと同じく日中両国によっても調印された条約の規約および義務に反する手段によってもたらされたいかなる状態、条約、あるいは協定をも承認する意向を持たないことを通告する」

アメリカが上海事変に対し即時停戦を要求

上海の風雲が急を告げると、アメリカはイギリス、フランスなどと協同動作をとりつつ、日本軍の租界上陸に抗議し、二月六日、日中両国に対してこう言った。「両国間にはなお戦いが続くとしても、これ以上動員あるいは動員準備をしないこと、相互に軍隊を撤退すること、中立国によって警備された中立地帯を設定すること、そして両国間のすべての懸案を決定する交渉は、交渉に先立って要求および留保を行うことなく、中立国のオブザーバーあるいは協同者の援助により、ケロッグ条約の精神と十二月十日の連

ハルビン東で日本の軍用列車爆破事件が起こる。
上海停戦協定。
上海で便衣兵が陸戦隊兵を襲撃。
中国共産党臨時政府が対日宣戦布告。
平頂山事件。

盟決議に基礎をおくこと」と。すなわち日本が断固として堅持し続けてきた第三国の干渉を受けることなく、中国と単独交渉によって事件を解決しようとする原則を放棄させようとしたのである。もちろん、日本はこれを拒絶した。

チベット・中国停戦協定成立

満州事変の発生によってチベット・中国両軍の協定が成立するかに見えたが、西康省に兵変が起こり、この地の全体が混乱に陥ったのを好機として、一九三二年四月にチベット軍は再び進撃を開始した。戦況は四川軍が優勢であり、七月末にチベット軍は金沙江西岸に退却。九月に昌都を攻撃するに及んでついにチベット側は和を乞い、九月十五日、両軍代表は岡施で会談することになったが話はまとまらなかった。この間、ダライ・ラマはイギリスにそそのかされて大チベット主義に則る西康侵略の野望を捨てず、ますます戦備を拡張して再起を図った。軍事費の割り当てをめぐって三大寺のラマの猛烈な反対に遭い、ラサに政変を起こすと事態が好転し、十月八日、正式に停戦条約が成立した。その主な条項は次の四条である。

一、中国とチベットは相互に和議協定を受け入れ、両国の間にある長期間の懸案を一掃する。

二、中国軍は金沙江上下流東岸、チベット軍は同江上下流西岸で、それぞれ最前防御線とし、双方の軍隊は一歩もその線を越えてはならない。

三、中国暦十月八日より二十八日、チベット暦八月二十九日に至る間、双方の作戦大部隊は撤退を開始し、中国軍は俄滋、徳格、白玉より東に、チベット軍は葛登、同景、武城の線に退き、これを最前防御線とし、以上の各所における駐軍数は二百名を超えてはならない。また、それぞれ人員を送って撤兵を監視する。

四、停戦撤兵の日から双方の交通を回復し、商人の通行を阻止しない。ただし双方は官憲の発給する旅券を所持すること。かつ仏教を尊崇し、仏法を擁護する見地から、西康ならびにチベット所在の各寺廟に修行するために往来するラマ教徒は、相互にこの保護に責任を持つこと。

第三回イギリス・インド円卓会議開催

第三回英印円卓会議には国民会議派およびインドの有力者が出席せず、非常に寂しい雰囲気となった。イギリス政府の都合による新憲法案のあらましを採択して閉会した。

ヘア独立法案、アメリカ下院を通過

第一次世界大戦後の世界的不況は一九二八年頃からしだいに深刻になり、アメリカのあらゆる産業部門を襲い、永遠の繁栄を誇った共和党フーヴァーの政策を根底から覆した。一千万を超えるアメリカ人失業者はアメリカ国内の各地でフィリピン人労働者との間に労働問題を引き起こした。当時、アメリカ本国には約六万のフィリピン人労働者がおり、彼らはアメリカ人労働者よりはるかに安い賃金で働いた。そのためアメリカ人労働者はフィリピン人労働者に職場を奪われ非常に生活の脅威を受けた。アメリカ政府は失業問題に悩まされている時ではあったが、フィリピン人はアメリカ合衆国領土の住民である以上、入国を禁止することはできない。

こうしてアメリカ・フィリピンの労働者間の対立はますます先鋭化し、アメリカ労働連盟はアメリカ人労働者保護の見地から、フィリピン人移民を阻止する方法としてフィリピンの即時独立を決議し、議会に呼びかけた。このようなアメリカ人失業者たちがフィリピン人労働者の入国阻止に躍起になっている時、砂糖を主とするフィリピンの農産物が無制限に輸入されてアメリカ国内の農民と糖業者に重圧を加え、これが重大な政治問題となって、フィリピンの独立を促進させる結果となった。アメリカ本国では広範にわたりサトウキビとサトウ大根が栽培されており、砂糖栽培に関わる州は四十八州中三十八州にも上り、アメリカ領土で生産される砂糖はフィリピン糖を除いてもハワイ糖、プエルトリコ糖があり、さらに十億ドルの巨大は資本が投下されているキューバ糖がある。これら砂糖関係者は窮余の策としてフィリピンを独立させることによって、無制限に入り込んでくるフィリピン糖を制限し、生活を守ろうとした。

糖業関係者の運動は、フィリピンの椰子油輸入により圧迫を受けている植物油製造業者にも波及した。アメリカのこうした動きを見て取ったフィリピン側は独立の好機到来とし、フィリピン議会は上院副議長セルヒオ・オスメニア、下院議長マヌエル・ロハスを共同委員長とする粒よりの委員団をアメリカに派遣して独立要求の猛運動を起こさせた。アメリカは三十年もの長い間フィリピンを領有したが、経済的に得るところがまったくないことから、ついにこれを放棄しようとしたのである。一九〇一年にアメリカ下院諸島委員長ヘアが起草にかかった八年後、フィリピンの独立を許容しようとするヘア独立法が下院本議会に提出され、三〇六票対四七票の圧倒的大多数によって通過した。この法案は下院通過後、ただちに上院に送られたが、アメリカ国内の重要法案が山積して多忙を極めており、上院ではついに会議にかけられるまでにはならなかった。

一九三三

昭和八年

満州国、非承認国に対し門戸を閉鎖。

東北三陸地方大地震。大津波起こる。

日本が国際連盟から脱退する

満州事変が起こると、国際連盟を牛耳るイギリスは、連盟の外で日本の行動を牽制しようとするアメリカに応じて国際連盟を対日圧迫の機関に変えさせ、イギリス人リットンを団長とする調査団を満州に派遣した。同調査団は「満州を中国の主権者に返還すべきである」との強い宣告を下していたが、一九三三年二月二十四日、連盟はこの報告書を採択したので、日本は国際連盟を脱退した。

日本の連盟脱退にスティムソンが声明

アメリカ合衆国国務長官スティムソンが発した声明は次のようなものだった。

「不承認主義並びにこの主義に対する主張においては、連盟とアメリカは明確に同じ基礎に立っている。連盟は両国に取り決めの諸原則を勧告した。アメリカがその締約国として条約の適用に関する限り、アメリカ政府はこのようにして勧告された諸原則の一般的賛同を表明するものである」

フィリピン独立に関するヘア・ホーズ・カッティング法成立

この年のアメリカ議会では、まず上院議員ホーズとカッティング両名の共同草案によるフィリピンの独立案が上院の議題に上げられ、若干の修正を加えたうえで、十二年後に独立を与えるというホーズ・カッティング法案が十二月十七日に上院を通過した。しかし前年、すでに下院を通過したヘア案とは条項と内容にさまざまな相違点があることから、上下両院協議会を開いて、両案を検討した結果、フィリピン移民と経済条項に関する制限をやや緩和し、独立までの過渡期間は両案の中間をとって十か年とすることで意見が一致し、十二月二十三日、ヘア・ホーズ・カッティング法案がアメリカ両院を通過した。この法案の主要な点は次のとおりである。

一、新政府樹立の日から十か年を経過した年の七月四日、アメリカは完全にフィリピンから主権を撤回する。

一、アメリカ大統領により軍事上あるいはその他の目的のために保留されているフィリピン島内の土地および物件は、フィリピン政府に譲歩されるべき財産から除外する。

一、アメリカ大統領はフィリピン独立後、可及的速やかにフィリピンの永久中立に関する条約締結の目的によって、諸外国との外交交渉を開始する。

一、フィリピン独立後、アメリカはフィリピンからの輸入品に対しては他国品と同様の税率を課する。ただし、独立の日から少なくとも一年前、アメリカ・フィリピン両政府代表者間で会議を開き、両国間の将来の貿易関係について勧告案を作成する。

一、フィリピン独立後、帰化不能外国人に対する規定を含むアメリカ移民法は、フィリピン島民に対し他の外国人に対するのと同様に適用される。

一、フィリピン新政府樹立後、完全独立に至る過渡期においては、次の規定が適用される。

イ、フィリピン島民はアメリカ移民法上、まったく外国人と見なされ、一年五十名に限り入国を許可する。

日本軍、山海関で中国軍と衝突。

日本軍、熱河省承徳占領。

日本軍、国民党軍と衝突。

ロ、フィリピンから無税で輸入される砂糖は、年額粗糖八十万ロングトン（英トン）精製糖五万ロングトン、椰子油二十万ロングトン、麻ひも・綱類三百万ロングトンとし、この制限量を超える場合は他の外国品に対するのと同一税率の関税を賦課する。

ハ、フィリピン新政府樹立後、第六年目から対米輸出品に一定の輸出税を課し、この税収を政府の公債元利償却資金に充当する。そして、その税率は第六年目にアメリカで同種の外国輸入貨物に課せられる関税率の五パーセント、第七年目に十パーセント、第八年目に十五パーセント、第九年目に二十パーセント、第十年目に二十五パーセントとする。

ダライ・ラマ入寂

チベット・中国停戦協定の成立によって、双方は軍事行動を停止し、四月十日、チベットと青海の間でも和平協定が成立したが、同年六月に再び四川に兵変が起こると、あくまで大チベット主義の実現を夢見るダライ・ラマは、約束を破って金沙東岸に兵を進め、退却する四川軍を追って東に進んだが、十二月十七日入寂。チベット軍はもとの地へ引き揚げた。

フィリピン独立法案がアメリカ議会を再度通過

アメリカ議会下院は、フィリピン独立法案が大統領に拒否された一月十三日、ただちにこの独立法案を議題に上げ、討論わずか一時間で裁決を行った結果、二七四票対九四票の大差で再度通過させて大統領の拒否を一蹴。ついで上院も一月十七日に本会議の議題として六六票対二六票で再可決した。ここでフーヴァー大統領、スティムソン国務長官、ハーレー陸軍長官以下共和党政府当局の強硬な独立反対は完全に踏みにじられ、フィリピンは今後二年以内に憲法を制定し、新政府樹立後十年の準備期間を経ていよいよ独立が与えられることになった。

フィリピンがアメリカの独立法案を拒否

アメリカ議会が通過させた独立法案を受け入れるべきか、拒否すべきか、フィリピンの国論は沸騰した。拒否すべしとする者は、次の点を上げて反対した。

一、完全に独立するまでの準備期間が長すぎる。フィリピン島民は長い間、即時、絶対、完全な独立を主張してきたのである。

二、経済的な条項が不利である。とくに無関税砂糖の輸入制限量に大きな開きがある。当時、フィリピン議会は砂糖の制限年額を百二十万トンないし百五十万トンとしていた。

三、フィリピン移民の入国を極度に制限している。フィリピンがアメリカの統治下にある間はフィリピン人のアメリカ入国は自由であるべきであるにもかかわらず、過渡期間中フィリピン人の入国割り当て数を年五十人に制限している。

四、アメリカは、完全独立後も現有の陸海軍要地を永久に保留する。アメリカがフィリピンに独立を与える以上、フィリピンにおける一切を無条件に放棄すべきである。ところが独立後までアメリカが軍用地を保有することは大いに矛盾しており、フィリピン人が要望する完全で絶対の独立とは相容れないものである。

フィリピン議会は十月九日、上院は一五票対四票、下院は五八票対二二票の大差によって独立法案を拒否した。

一九三四

昭和九年

岡田啓介内閣。

愛新覚羅溥儀、満州国初代皇帝となる。

満州国帝政実施。

日本、ワシントン海軍軍縮条約廃棄を通告。

全インド国民会議派執行委員会、立法議会の選挙に参加すべきことを決議

一九三一年末、アーヴィング・ガンジー平和協定を廃棄して以来、非軍事不服従運動によって反英の抗争を続けてきた全インド国民会議派は、一九三二年、一九三三年、一九三四年とイギリス帝国主義の厳しい弾圧にもかかわらず、活発な全国的活動を続けてきたが、打ち続くインド政庁の弾圧の嵐のため組織を何度も破壊され、しかもインド国内の対立激化もあり、しだいに世論の統一的指導に困難を感じるようになった。

こうして会議派内部にも非軍事不服従運動は自殺的行為であるとする反対意見がしだいに勢いを増し、一九三四年四月六日、ついにデリーにおける全インド国民会議派執行委員会はスワラジ党を復活。非軍事不服従運動を放棄し、来るべき中央立法会議の選挙に参加すべきことを決議した。国民会議派の総帥ガンジーもこれに同意し、自らは独自の非軍事不服従運動による反英抗争を継続し、スワラジ党の目的達成に協力すべきであると声明した。新スワラジ党の目的は、立法手段によって徹底的抗争を行うことにあり、こうしてインド国民運動は新たな段階に入った。

イギリスが日本の外務省情報部長の声明に抗議

わが国の外務省情報部長は、アジア人のアジアを主張し、日本は東アジアの盟主であることから、中国においてわが国を排斥するような一切の財政的、政治的、商業的な企

図に対して警告を発した。これに対しイギリスは迅速に抗議を提出した。

ルーズベルト大統領、議会にフィリピン独立問題に関する特別教書を送る

フィリピン議会はヘア・ホーズ・カッティング法案に反対したので、この法案は一月十七日に自然消滅の形となったが、三月二日、ルーズベルト大統領は合衆国議会にフィリピン独立法案修正の教書を送った。

フィリピンでタイディングス・マクダフィー法案成立

ルーズベルトの教書が合衆国議会に送られると、議会はフィリピン独立問題に関して行動を開始。上院属領委員長タイディングスと下院属領委員長マクダフィーの共同成案によるタイディングス・マクダフィー法案を提出することになった。この法案がヘア・ホーズ・カッティング法案を修正した点は次の二点だった。

一、フィリピン独立の暁には、アメリカは陸軍根拠地を撤廃する。

二、海軍根拠地は独立後も放棄しない。ただし独立後二年以内にアメリカ大統領は、フィリピン政府との間にこの問題に関して交渉を開始することができる。

フィリピン人が希望する完全独立までの期間短縮にも、過渡期の移民制限の撤廃にも、経済的条項にも修正は加えられていなかった。タイディングス・マクダフィー法案が下院に送られたのは三月十九日。討論わずか四十分で通過し、三月二十二日に上院に送られ、六八票対八票の圧倒的大多数によって通過し、その日のうちに大統領に送られた。三月二十四日、ルーズベルトは署名、裁決を終えた。

一九三五

昭和十年

華北分離工作。

日本・満州国連合軍、ハルハ河以北を占領。

満州国皇帝溥儀来日。

シンガポールで中国人による日本人襲撃事件が起こる。

フィリピン議会、タイディングス・マクダフィー法案を受諾

よりよい独立法案を獲得しようと努力していたケソンは、タイディングス・マクダフィー法案を獲得して一九三三年四月四日にアメリカを出発。四月三十日に国民的大歓迎を受けてフィリピンに帰り、同日に開会したフィリピン特別議会にこの法案を討議した結果、翌一九三四年五月一日、上下両院が全会一致でこの独立法案を受諾した。

中国で倫夏失脚

中国側は一九三三年のダライ・ラマの死をチベットとの問題解決の好機とし、チベットの統治権を回復しようと策動し始めた。ダライの死後、全チベットのダライの司倫（内閣総理大臣に相当）である尭杷冷が代行した。彼は二十七歳の青年で、親英的色彩が濃厚だった。ところが翌一九三四年二月末、保守派の僧侶、官民は正式にレツェン・リンポチェを公挙してチベット政務を代行させる旨を発表し、二派に分かれて対立することになった。チベットには親英派のダライ派、親中派のパンチェン派、中立派の三派があり、他の二派は親英派に圧されてあまり表面に出ることはなかったが、ダライ・ラマ十三世の死によって急速に表面に出たわけである。しかし軍権を掌握していた将軍の多くはイギリス留学生出身者で、政務に参画している若い有能な者たちにも親英派が多く、したがって摂政政府では親英派が断然優勢であった。ところが一九三五年五月、親英派の総帥である倫夏は、反対派の策動により失脚し、その結果、斬罪（あるいは監禁）に処せられた。しかしチベットにおけるイギリスの勢力は根強く、依然として強大な発言権を持っていた。

上海で抗日運動が拡大する。

インドで新憲法発布

インド憲法起草委員会は一九三四年十一月二十一日、新憲法草案をニューデリーで発表した。新憲法が予想された通り総督および州知事に広い権限を保留して責任内閣制を骨抜きにし、インド統治法十年間の「試政期」後に公約された自治領の地位をインドに与えず、インドの内面的発展に適応する伸縮的な条項を欠いている点に、インドの言論界はこぞって避難を浴びせた。また総督の責任事項を決定して、事実上、連邦議会にダイヤーキー制を復活させたことは、インド国民の期待を裏切るものであるとして大いに非難した。こうしてこの憲法案はインド国民の激しい反対のうちに十二月十九日、イギリス議会にかけられ、長く賛否両論をめぐって紛糾したが、一九三五年八月二日、一部を修正して両院を通過し、皇帝の許可を経て十二月二日に発布された。これは一九三七年四月一日に実施されることになった。

この条例によりビルマはインドから分離される。インドは連邦制とするが、これは知事州および政務長官州と、連邦加入を受諾する王侯国によって構成される。新連邦制はイギリス議会の協賛と連邦に参加する王侯領各部の人口が全王侯領人口の過半数に達し、同時に連邦議会上院の王侯代表議員の過半数の同意があった場合に限り、勅令によって開始される。

この連邦新下院法はイギリス政府がインド民衆の勢い盛んな反英運動を緩和するために発布を余儀なくされたもので、旧制度と比べて多くの改正がなされたことは事実だが、責任自治制とはいっても、国防、外交、宗教などは「留保部門」として総督が自ら判断して裁決する規定であり、あるいは「特殊責任事項」を設けて総督並びに州知事に

一九三六

昭和十一年

広田弘毅内閣。二・二六事件。林、近衛内閣。日独防共協定。国名を大日本帝国に統一。

一九三七

昭和十二年

盧溝橋事件。日中戦争勃発。トラウトマン和平工作。十二月、日本軍、南京を占領。台湾、朝鮮で皇民化政策実施。

広い独裁的権限を与えるなど、責任内閣をまったく有名無実化したばかりか、全インドおよびビルマの世論を無視して連邦からのビルマ分離を断行した。

日本がワシントン・ロンドン両条約を廃棄

日本代表はロンドンで開催されたロンドン条約の更新会議において、不当な比率の撤廃を要求し、全締約国はともに協力して海軍軍備制限の実を挙げるべきことを主張したのだが、アメリカ、イギリスはあくまで不当な比率を主張し続けたので、一月十五日、会議を脱退した。

ハル米国務長官、日中戦争に対し態度を表明

日中戦争勃発後、沈黙を守ってきたアメリカは八月二十三日、コーデル・ハル国務長官の声明により、日中戦争もまた九か国条約、不戦条約の適用を受けるべきであるとし、はじめてその態度を明確にした。

ルーズベルト米大統領およびハル国務長官、日本に抗議

十月十五日、ルーズベルト大統領はシカゴにおいて、排日大演説を行い、「戦争は伝染病のように隔離されなければならない」と宣言。翌六日、ハル国務長官は「極東において発展しつつある事態に対して、アメリカ政府は、日本の中国における行動が、国家間の関係を支配する諸原則に違反し、かつ中国における事件において服従すべき原則として一九二二年二月六日に締結された九か国条約の条項並びに一九二八年八月二十七日のケロッグ・ブリアン条約を侵犯する、という結論に達せざるを得ない。そして今後に関するわが政府の結論は、一般的には国際連盟総会のそれと一致するものである」という声明を行った。

一九三八

昭和十三年

近衛声明。

東亜新秩序声明。

ビルマがイギリス直轄植民地となる

それまでイギリス領インドの一部となっていたビルマは、四月一日から分離され、イギリスの直轄植民地となり、イギリス植民省の下に置かれることになった。政治上の最高権力は総督にあり、知事は行政上定員十名の内閣を持ち、またその直接的な職能行使のため三名前後の顧問を持つ。この年以来、インドが自治を許されたのにもかかわらず、ビルマが置き去りにされたことは、イギリスに対するビルマの反感を強め、ようやく台頭しようとした民族運動に拍車をかける結果となった。

ビルマで排英・排インド暴動が起きる

インドとビルマは人種が異なるだけでなく、宗教を異にする。ビルマ人が仏教を信仰しているのに対し、インド人は主にヒンドゥー教と仏教を信仰しているのである。したがってインド人とビルマ人との間にはともすれば利害の不一致があり、とくにインドが自治を許され、ビルマが取り残された一件は、排英とともに排インドの気を醸成した。さらにこの時、イスラム教徒であるインド人の一著者が仏教を誹謗していたことが、ビルマ人を非常に刺激し、七月二十六日、多数のビルマ人がイスラム教徒であるインド人を襲撃したが、これはすぐに反英運動へと転化して暴動化し、「ビルマをビルマ人の手

一九三九

昭和十四年

平沼騏一郎、阿部信行内閣。

に」の旗幟が掲げられた。これはたちまちラングーン全市に波及し、ついに軍隊が出動、死傷者七百名を数えるに至った。

ビルマで排英国民大会開催がされる

一九三九年一月早々、学生の反英騒乱が勃発し、不穏な状況となったので、五日には戒厳令が布かれたが、聖地シュエダングで国民大会が開かれ、イギリス人を排斥し、イギリスが戦争に参加した場合もビルマ国民はイギリスを援助しないなどの決議を行い、大いに気勢を上げた。当時のビルマ内閣はバ・モを首班としていたが、下院内部の印英ブロックの反対に遭って内閣は瓦解した。その後、ウ・バ、ウ・ソらが首相となったが政情は安定しなかった。

あとがき

昨年の夏、思いもかけず父の著作の復刊の申し出を受けた。そのとき、父の娘である私たち四人の姉妹は父の著作の十冊が、戦後ＧＨＱ（連合軍総司令部）により、没収処分になっていたことを初めて知った。私たち姉妹の誰もそのことを知らなかった。父も母もひと言もそれについて触れることはなかった。

父の戦後は、出版ブームが下火になっていた時期の上京だったが、物書きとして生活のめどもつき、家族を呼び寄せてこれからというときに五十代半ばで病に倒れ、半身不随となってしまった。昭和五十七年一月に七十九歳で他界するまでの後半生は、物書きとして不遇だった。

昭和十七、八年頃、私たちは杉並区堀の内に住んでいた。次女の私は五、六歳。毎朝、目が覚めると三つ下の妹と父の蒲団にもぐりこみ、父の「おはなし」を聞くのが楽しみだった。それは大概、私と妹らしき小さな女の子が近くの済美公園で冒険や探検をして恐ろしい目に遭う話だった。私たちは両手で耳を塞ぎ、時には悲鳴をあげながらも、最後は必ず幸せになる結末に安堵するのだった。父の書斎は庭に面した奥まった一室で、私は、この部屋に入った記憶がないが、姉によると、周りは書棚で、畳の上にも本があちこちに積み重ねてあって、真ん中の座卓に父は座っていたそうである。口述筆記のために女性記者が来ていたこともある。この家は庭も広く柿の木や栗の木もありブランコもあった。ブランコの横で父がスコップで自然薯を掘っていたこともあった。

疎開した父の郷里の福岡県での戦後の十年間は私たちにとって農村の生活、農業の手伝いなど貴重な体験だった。お正月は、従兄妹たちや近所の青年たちも集ってきて父、母も一緒に遊んだ。百人一首、ジェスチャー、大きいちょうちん・小さいちょうちんなどのゲームなど、少女の私たちも一人前に扱ってくれた。晴れ着を着て楽しいお正月だった。貧しかったけれど誰もが貧しい時代でそのことを意識したことはなかった。

病に倒れ半身不随になって以後の父は、麻痺のなかった右手で原稿を書き生活を支えてくれた。私たちは父とよく議論をした。文学、芸術、歴史、政治、世界のこと、父は博学で何でも知っていたが、私たちの意見も良く聴いてくれた。私たちはそれぞれ結婚して家を出た後も誰かしら毎週父のところに集っていた。

父は強靭な精神力の持ち主だったと思う。不自由な身体を嘆くでもなく、昔を自慢するでもなく、現実を受け入れてその中で読書をこよなく愛し日々を送っていた。私たちから見ても父は尊敬すべき大きな存在であり、一族の中心であった。

父が他界して今年で三十年になる。今回、私たちはあらためて、父柴田賢一の生涯を振り返った。他界する四、五年前に姉が父から経歴を聞き、そのメモを大事に持っていたこと、母の他界の後、同居した妹が父の資料を大切に保管していたこと、それらとそれぞれの記憶を集めて父の略年譜を作った。私たちはその略年譜を見ながら父の生涯に思いを馳せ、戦前戦後のことなどを語り合った。

この度、父の著作『米英のアジア・太平洋侵略史年表』が、国書刊行会において、復刊されることになった。戦後六十七年を過ぎて、昭和十七年の父の著作がどのように読まれるか私たちは興味深く見守りたい。刊行を企画してくださった国書刊行会に深く感謝申し上げます。

秋山周子

リ

ル

レ

ロ

ワ

ミ

ム

メ

モ

ヤ

ユ

ヨ

ラ

フ

ヘ

ホ

マ

ト

ナ

ニ

ヌ

ネ

セ

ソ

タ

チ

テ

ケ

コ

サ

シ

ス

索　引

ア

イ

ウ

米英のアジア・太平洋侵略史年表

二〇一二年五月十五日初版第一刷印刷
二〇一二年五月十五日初版第一刷発行

著　者　柴田賢一
発行者　佐藤今朝夫
発行所　株式会社　国書刊行会
東京都板橋区志村一―一三―一五
電話〇三（五九七〇）七四二一

印　刷　モリモト印刷株式会社
製　本　株式会社ブックアート
ISBN978-4-336-05509-5
http://www.kokusho.co.jp

ＧＨＱによって消された貴重な歴史の記録

太平洋侵略史

仲小路彰 著　西尾幹二 解説

全６巻

イギリスによる日本侵略の準備、ペリー来航、ロシア軍艦の長崎進入、ペリー琉球占領計画、ハリスの強談判……。仲小路の著作は、戦前、政治と軍の中枢にいた人々に強い影響を与えた。欧米列強のアジア太平洋侵略を史料によって詳細に物語る。【復刻版】

Ａ５判・上製　各巻４８００円＋税

戦争画と彼らの
従軍記が物語る、
大東亜戦争の実相

絵具と戦争

従軍画家たちと戦争画の軌跡

溝口郁夫 著

作家たちが描き残した前線、
行軍、捕虜たちの扱い…
伝えられる虐殺や虐待はあったのか⁉

ＧＨＱが没収した
藤田嗣治、向井潤吉、宮本三郎らの戦争画と従軍記。
彼らは何を描き、何を記録したのか。
ＧＨＱにとって何が不都合だったのか…
画家たちと前線の実相、空白の記録、戦争画の軌跡を追う。

Ａ５判・上製
２０００円＋税

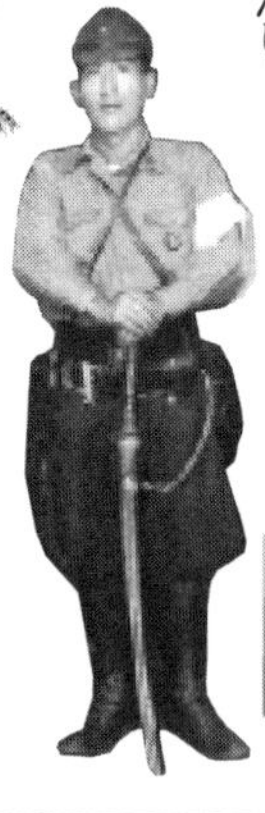

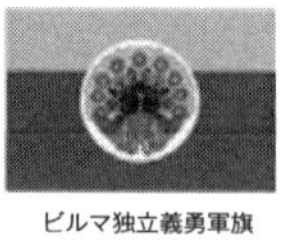

ビルマ独立義勇軍旗